RISQUER LA LIBERTÉ

Du même auteur

Jackson Pollock ou l'Invention de l'Amérique
Éd. du Grand Est, 2008

Hommage à l'amitié
Le Pré aux Clercs, 2008

ABC du bouddhisme
Jacques Grancher, 2008

Introduction au tantra bouddhique
L'incandescence de l'Amour
Fayard, 2008

Petit Traité de la modernité dans l'art
Pocket, « Agora », 2007

Au service du sacré
Éd. du Grand Est, 2007

La Photographie
Éd. du Grand Est, 2007

Le Bouddhisme à travers 100 chefs-d'œuvre
Presses de la Renaissance, 2007

Chögyam Trungpa, une révolution bouddhiste
Éd. du Grand Est, 2007

Quel bouddhisme pour l'Occident ?
Éd. du Seuil, 2006

Bouddha, Jésus, quelle rencontre possible ?
(avec Denis Gira)
Bayard Centurion, 2006

L'Esprit de la chevalerie
Presses de la Renaissance, 2005

Trungpa
Éd. du Seuil, 2002

Mythes et dieux tibétains
Éd. du Seuil, 2000, et « Points sagesse »

La Pratique de l'éveil, de Tilopa à Trungpa
Éd. du Seuil, 1997, et « Points sagesse »

FABRICE MIDAL

RISQUER LA LIBERTÉ

Vivre dans un monde sans repères

ÉDITIONS DU SEUIL
*27, rue Jacob, Paris VIe*

ISBN 978-2-02-098568-0

www.editionsduseuil.fr

À Bruno Tyszler qui, depuis vingt ans, me garde au foyer de l'amour ce lieu très sûr, où, dans la plus ample résonance, être librement.

Nietzsche, nommé à l'université de Bâle alors qu'il n'a que vingt-quatre ans, est promis à une très belle carrière universitaire. Pourtant, à la surprise de tous, il la rompt brutalement dix ans plus tard. Quelque chose lui rend la vie impossible. Il se lance alors dans un travail inouï, assumant une solitude extrême, pour y voir un peu plus clair.

Ses difficultés ne sont pas d'ordre psychologique ; il meurt de découvrir partout prégnante une compréhension empoisonnée de la vie, du monde et de tout ce qui est. Nous sommes comme lui. Nous sommes les victimes de ce même fléau. La métaphysique, comme l'histoire secrète de l'Occident, nous coupe du corps et des sentiments, de la vérité et de l'art. Nous abordons toutes nos difficultés et nous nous relions à tout ce qui est de manière bien trop théorique pour nous risquer à vivre réellement. Nous étouffons sous la chape du ressentiment dirigé contre le risque propre à toute existence.

Que l'on ait lu ou non des livres de philosophie n'y change rien. Nous sommes tous malades de la rationalité crispée, de l'hypocrisie morale et des fausses croyances que la métaphysique véhicule à notre insu. Privés ainsi de notre liberté.

Nietzsche est le premier qui, dans l'histoire de l'Occident, a rompu les amarres. Il a creusé au plus profond de notre histoire, secoué les monuments les plus respectés, dénoncé les comportements partout admis comme vertueux.

La fulgurance de ses analyses fait de lui l'un des rares prophètes de notre temps, l'un de ceux qui annoncent ce qui survient et que nous ne savons pas toujours distinguer, aveuglés que nous sommes par l'actualité toujours changeante. Nietzsche prend son courage à deux mains et se risque à voir plus loin. Pour cela, il commence par prendre un marteau pour révéler combien nos convictions et nos opinions, que nous prenons tellement au sérieux, sont, en fait, tout à fait creuses. Il les frappe à l'endroit de leur fausseté et elles se brisent aussitôt en mille morceaux tant elles sont fragiles. Impossible de faire l'économie de ce travail. Nous étouffons sous les strates d'opinions diverses jamais pensées – que nous prenons pour vérités –, nous sommes englués dans la poussière morte et les mycoses moisies des siècles. Nous sommes enfermés dans la camisole de force de la peur qui nous conduit à préférer à l'air libre les cavernes sombres de nos lâchetés. Nous pensons, agissons et sentons à partir de notre peur. Nous sommes mus par une sorte de haine contre la vie.

Or, il est possible de nous en délivrer. Nietzsche nous montre un chemin.

Rainer Maria Rilke commence à écrire de la poésie selon les usages en vigueur. Avec talent. Mais, peu à peu, il se rend compte qu'être poète, ce n'est pas cela. La poésie empêche la poésie. Elle n'est le plus souvent que jongleries relatives et contorsions contingentes, une sorte de divertissement savant pour quelques privilégiés. Elle est jeu littéraire et non engagement de la vie tout entière. Rainer Maria Rilke veut en libérer les ressources qui ne s'adressent nullement à quelques « lettrés », mais qui concernent chacun de nous, quelle que soit l'éducation qu'il ait reçue – éducation qui n'est, en ce domaine, que d'un faible secours, voire qui constitue un handicap. La poésie n'est pas un exercice de spécialiste, mais le rapport le plus libre au réel.

Il quitte Prague, la ville où il est né. Il vient à Paris et devient le secrétaire du grand sculpteur Rodin. Entre 1904 et 1910, dans cet environnement nouveau pour lui, il rédige un récit, *Les Cahiers de Malte Laurids Brigge*, qui constitue une véritable descente aux enfers. La poésie ne doit plus appartenir au rêve mais, comme Orphée, le héros de la mythologie, traverser la mort et l'angoisse. À ce prix, et à ce prix seulement, la poésie peut cesser de mentir. Il faut en finir avec les fausses consolations qui bronzent notre cœur.

Il faut apprendre à voir. Or nous ne le savons pas et, pis encore, nous ignorons notre propre cécité. Nous vivons à l'écart de l'ampleur, refusant la mort et par conséquent la vie. Refusant la douleur et par conséquent la vraie joie.

Au prix de pénibles épreuves, Rainer Maria Rilke trouve un chemin. Un chemin pour dire « oui » à la vie sans rien en retrancher. Un chemin non pas imaginaire – mais qui soit fidélité à l'épreuve la plus poignante d'être au monde. Un engagement à vivre ici même sans se réfugier dans un ailleurs. Rainer Maria Rilke est, pour cette raison, l'un des plus grands poètes de notre temps mais surtout un être en avant, un témoin hors du commun. Nous l'oublions parce que nous ne savons plus qui sont les poètes et que leur tâche nous est devenue étrangère. Pourtant, eux seuls sont à l'écoute sans aucun *a priori*. Eux seuls nous permettent de respirer dans un monde, chaque jour plus douloureusement restreint au calcul, dans lequel les êtres et les choses sont considérés comme réels en fonction de leur seule rentabilité.

Ne nous résignons pas et reconnaissons que nous souffrons bien plus profondément que nous ne le croyons de la situation historique où nous nous trouvons. Nietzsche, Rainer Maria Rilke, mais tout aussi bien Paul Cézanne ou Charlie Chaplin – qui, pour la finesse de ses descriptions de nos enfers, est sans doute le Dante des temps modernes –, dans un travail de pointe, nous le montrent.

Ils nous disent que les discours habituels ne peuvent plus rien pour nous car ils sont comme une toile d'araignée qui recouvre tout d'un linceul d'ennui et d'angoisse. Nous n'avons pas besoin de nouveaux gourous, de promesses tonitruantes, d'assurances étouffantes – mais d'un chemin qui s'invente dans le risque propre à chacun.

En cherchant à être fidèle à ces héros de notre temps, ce livre ne propose pas une philosophie faite de bouts de doctrines et de morceaux de chiffons. On n'y trouvera aucune recette pour être heureux. Son ambition est autre : permettre d'assumer le tragique inhérent à toute existence authentique et les menaces propres à notre temps. Le risque est réel, mais l'immensité que nous pourrons alors découvrir, un soulagement indiscutable.

Et les êtres évoqués dans ce livre ne sont pas d'autres repères mais des étoiles qui dans l'ouvert du ciel nous orientent et avec lesquelles nous devons établir un rapport non de soumission mais de véritable liberté.

Nous n'avons plus de repères. Je ne vais pas en proposer de nouveaux. Ne faisons pas comme si la dévastation et ce que la philosophe Simone Weil nomme le « déracinement » ne nous étreignaient pas. Ne faisons pas comme si Hiroshima et Auschwitz n'avaient pas mis à mal les rêves les plus anciens de l'humanité. Nous en sommes inconsolables et nous avons le devoir de le rester. Telle est la seule éthique possible pour notre temps. Non plus fonder ou rétablir une morale de plus avec ses règles fixes de comportement mais, dans une incertitude bienveillante, assumer pour de bon notre condition et découvrir, à neuf, comment être. Se risquer à être libre n'est pas un choix parmi d'autres, une proposition pour se sentir un peu mieux et se réconforter – mais notre seul possible. Là où tout est régi selon l'organisation de l'autoroute qui rêve d'une sécurité constante, assumons que nous sommes mortels, des êtres de la haute fragilité, sensibles et vulnérables, marchant sur des routes improbables.

Nous ne pouvons rien y faire. Le fil de la tradition est

rompu. Rien n'est plus assuré, « notre héritage n'est précédé d'aucun testament[1] ».

Les différents chapitres de cet ouvrage veulent montrer par où chacun de nous peut dessiner son propre chemin en affrontant tous les champs de son existence – le travail et l'argent, le rapport à l'art et à l'amour, le sexe et le sens des rituels. Un chemin réel pour l'homme qui se refuse à renoncer. Qui ne veut pas d'une vie écrite d'avance. Qui veut garder l'envie de l'espace du ciel. Qui veut garder l'aspiration à l'amour le plus haut. Qui veut garder les yeux ouverts et la tête droite.

1. René Char, *Feuillets d'Hypnos*, 62, in *Œuvres complètes*, Paris, Gallimard, coll. « Bibl. de la Pléiade », 1983, p. 190.

1

Par-delà le bien et le mal

Comment exister avec ardeur : travail, argent et sexe

Et moi, et le Silence, deux oiseaux étranges
Échoués, seuls, ici –

EMILY DICKINSON [1]

Nietzsche est l'un des philosophes les plus émouvants de l'histoire de l'Occident. Il sut au moment critique de notre histoire regarder là où tous détournaient le regard et il le paya d'une solitude abyssale. Il a crié pour tenter de réveiller les hommes. Et plus il criait, plus il se rendait compte que personne ne l'écoutait. Quelle douleur fut la sienne : ne pas être entendu alors que tous ses efforts visaient à se faire entendre ; ne pas être entendu alors qu'il révélait aux hommes les raisons véritables de leur souffrance.

Aucun philosophe n'a accepté d'affronter, dans un tel isolement, ce qui nous menace pour mieux repérer des possibilités inattendues d'existence. Aucun n'a mieux examiné nos mensonges et nos égarements, la fausseté des idoles que nous vénérons.

1. Emily Dickinson, *Autoportrait au roitelet*, trad. Patrick Reumaux, Paris, Hatier, 1990, p. 222.

Pour Nietzsche, la tâche du philosophe n'est pas de créer des concepts ou de bâtir des systèmes, mais d'être le médecin de la société. Or, qu'est-ce que Nietzsche diagnostique ?

Que l'homme a perdu tout rapport à la terre : il veut quitter la réalité quotidienne pour un ailleurs qui lui semble préférable. Il préfère ses rêves consolants à la réalité. Les rêves – ce fut un temps l'enseignement des religions, puis celui du progrès social et du pouvoir de ce « monstre froid » qu'est l'État, de la propagande, du divertissement industriel et de la publicité planétaire. Des mots creux, des phrases toutes faites, des valeurs convenues. Aujourd'hui cet effort est arrivé à son terme. Il nous déracine absolument. Nous sommes asphyxiés. L'invitation à quitter la terre, à quitter le présent pour un futur meilleur, qu'il soit au ciel ou dans l'histoire, met en danger la survie même de la planète. Partout nous détruisons le présent et, par là, la possibilité pour les êtres humains de vivre dans la dignité.

« Je vous en conjure, mes frères, à la Terre restez fidèles, et n'ayez foi en ceux qui d'espérances supraterrestres vous font discours ! Ce sont des empoisonneurs, qu'ils le sachent ou non ! Ce sont des contempteurs de la vie ! Des agonisants qui eux-mêmes s'empoisonnèrent et dont la Terre est lasse », écrit Nietzsche dans son *Zarathoustra*[1]. Dans ce livre, il peut enfin nommer le piège où se fait prendre la pensée : nous couper du réel, nous déraciner par de grandes réflexions creuses et surtout mortifères. Faute d'un rapport à notre existence,

1. Friedrich Nietzsche, *Ainsi parlait Zarathoustra*, trad. Maurice de Gandillac, Paris, Gallimard, 1971, p. 24.

nous sommes empoisonnés par le ressentiment et la mauvaise conscience. Il nous est impossible de nous engager dans notre existence elle-même.

* * *

Renoncer au discours courant, aux conventions, est aussi le choix que fit toute sa vie Chögyam Trungpa.

Tout a commencé pour lui en 1943, dans les montagnes du Tibet. Là, âgé de trois ans, il est séparé de sa famille et conduit dans un monastère. Il va être formé pour en prendre la direction. Sa mère seule est autorisée à l'accompagner, mais ils ne peuvent pas vivre ensemble. Aucune femme ne doit demeurer dans le monastère. Ils ont juste la possibilité de se rencontrer à quelques moments de la journée.

Lorsqu'il a cinq ans, Chögyam Trungpa lui demande : « Maman, quel est notre nom ? »

Sa mère, timide, ne sait comment répondre : « Que veux-tu dire par "notre nom" ? Tu sais bien que tu t'appelles Trungpa et que tu es Rinpoché [c'est-à-dire *le précieux*]. »

Mais Trungpa insiste : « Quel est mon nom de famille ? »

Sa mère finit par lui dire : « Oublie tout cela. Notre nom est modeste et tu pourrais en avoir honte. »

Trungpa ne comprend pas. Pourquoi aurait-il honte de son héritage familial ? Il prend dans les mains un petit radis mariné que l'on donne généralement aux chevaux et l'approche de sa bouche. En raison de son statut dans la société très hiérarchisée du Tibet féodal, c'est un acte incongru. Le soleil est vif ce matin-là et il éclaire le visage de sa mère.

Elle finit par lui répondre, avec une légère crainte : « Mukpo. Mukpo, bien sûr. Voilà notre nom. Mais ne mange pas ces radis. Ils sont pour les chevaux. »

Trungpa croque néanmoins celui qu'il a pris tout en poursuivant la conversation : « Est-ce que cela veut dire que je suis moi-même un Mukpo ? »

Elle ne sait pas quoi ajouter : « Tu es Rinpoché, le *très précieux*.

– Mais est-ce que je suis ton fils ? Est-ce que je suis bien sorti de ton ventre ? »

Que répondre ?

Elle hésite, lui dit que oui, en ajoutant aussitôt : « Il est possible que je ne sois pas tout à fait humaine, que je sois un être sous-humain. J'ai un corps de femme ; j'ai eu une naissance inférieure. S'il te plaît, rentre dans tes appartements. »

Elle répète la doctrine d'alors. Les bouddhistes au Tibet croient la condition des femmes inférieure à celle des hommes. Le jeune Trungpa ne peut s'y faire. Cette distinction lui semble aussi injuste qu'illégitime.

Voilà une histoire à même de révéler qui est Chögyam Trungpa, l'un des premiers à introduire le bouddhisme en Occident quand personne ne croyait que cela fût possible. En effet, dans les années soixante, les Orientaux comme les Occidentaux étaient convaincus que la différence de mentalité rendait impossible une telle rencontre. Chögyam Trungpa sut aller au-delà des fausses évidences de son époque.

En 1960, arrivé en Inde, il est l'un des premiers Tibétains à apprendre l'anglais avec le plus grand sérieux. En 1963, il est admis à l'université d'Oxford, où il étudie avec une intensité stupéfiante. En 1971, dans l'Amérique profonde, il enseigne la méditation à des gens qui n'ont jamais vu un Tibétain de leur vie. Il devient ami avec les poètes de la contre-culture américaine opposés à la guerre du Vietnam. Il se présente et vit comme un homme ordinaire, passionné par la modernité poétique.

La manière dont il interroge sa mère permet de comprendre cette force qui l'habite. Chögyam Trungpa n'hésite pas à toucher à ce qui est tabou. La société tibétaine est fondée sur la reconnaissance d'enfants qui, comme manifestations du Bouddha, sont censés œuvrer à l'Éveil de tous les êtres. Ils sont intronisés et deviennent aussitôt l'objet d'une admiration intense. En insistant sur la relation réelle qui le lie à sa mère, Chögyam Trungpa cherche à assumer son humanité à l'endroit précis où elle est mise à l'arrière-plan.

La responsabilité de la transmission spirituelle n'amena jamais Chögyam Trungpa à renier la singularité de sa propre existence et de ses goûts particuliers. La question de la réincarnation, ou plus exactement de la renaissance, lui paraît alors d'une importance bien moins décisive que celle de l'incarnation, c'est-à-dire de la nécessité d'être authentiquement et simplement soi. Ce mouvement le conduit à refuser toute présentation abstraite ou théorique de l'enseignement du Bouddha pour privilégier une transmission directe et concrète. Le Bouddha n'est pas l'auteur d'une doctrine de plus mais celui qui pointe un état de présence que l'on peut découvrir à chaque moment de sa vie.

En croquant un radis devant sa mère, Chögyam Trungpa refuse de distinguer entre la noblesse de sa condition de chef spirituel et la pauvreté de sa naissance. L'étiquette et les privilèges lui indiffèrent. Il préfère rejoindre la terre solide de notre vie. Il y voit le seul lieu où rencontrer le Bouddha.

La spiritualité ne consiste pas à s'échapper de la réalité matérielle. Nous la pensons trop souvent ainsi, et nous en faisons l'idéal éthéré d'un ciel rêvé.

Mais alors, qu'est-elle ?

Tout ce qui nous aide à être vraiment plus humain. La spiritualité consiste à prendre conscience du fait que nous nous mentons trop souvent à nous-mêmes et à tout faire pour que cela cesse, afin que nous puissions nous approcher de notre vraie nature, de la vérité de notre propre cœur, de son immensité méconnue.

Toute sa vie, Chögyam Trungpa a poursuivi ce mouvement inauguré dès son plus jeune âge : pourfendre l'hypocrisie spirituelle et l'arrogance religieuse – non pour tuer le sens du sacré et notre aspiration à vivre plus authentiquement, mais pour leur rendre leur dimension véritable.

Tous ceux qui, comme lui, cherchent à être fidèles à la vérité, à refuser les compromis, à ne pas étouffer la flamme de l'amour, sont décriés comme assassinant cela même qu'ils cherchent, pourtant, à sauver. Trungpa en a fait les frais et a été isolé, critiqué et condamné. C'est toujours la même histoire. Socrate fut mis à mort et Spinoza, chassé de la synagogue. On a accusé Monet, Degas ou Cézanne de ficher en l'air la tradition picturale, avec leurs choix de sujets ordinaires, leur refus de peindre des scènes mythologiques où les personnages étaient toujours habillés comme des Romains, et parce que leur touche animée et fluide abandonnait le fini poli et rassurant de l'académisme. On leur a refusé l'accès aux Salons, on les a laissé mourir de faim alors qu'ils sauvaient la peinture de la médiocrité où la retenaient les peintres pompiers et officiels.

Chögyam Trungpa a libéré le bouddhisme d'une gangue de croyances qui l'étouffaient, il l'a fait descendre de son Olympe imaginaire, pour en révéler le sens le plus profond et le plus pertinent pour notre temps. Il est le frère de Nietzsche ou de Rilke.

Lorsqu'il a treize ans, Chögyam Trungpa est intronisé gouverneur d'une importante région de l'est du Tibet.

Peu après cette cérémonie, selon l'usage, les jeunes moines partent travailler quelques semaines aux champs tandis que les plus âgés vont rendre visite à leurs parents. Comme il n'y a plus personne pour prendre soin de lui et s'occuper de la cuisine, Chögyam Trungpa demande à sa mère de venir à ses côtés. Ils pourront ainsi être un peu ensemble avant que ses nouvelles obligations ne l'accaparent.

Et puisque désormais, ils auront moins de temps pour se voir, il décide de lui trouver un travail. Se souvenant du plaisir que, dans leur précédente habitation, elle avait à s'occuper de la laiterie, il décide de lui confier celle attenante au monastère.

Dès qu'il l'apprend, l'intendant du monastère, furieux, vient le voir : « Notre cuisine est sacrée, lui dit-il. Dans toute l'histoire des Trungpa, depuis des siècles, aucune femme n'a été autorisée à entrer dans ce lieu. Te rends-tu compte que ton geste va désacraliser l'environnement tout entier ? Ta mère n'a pas sa place ici. » Il commence alors à la critiquer et à insinuer que c'est une femme particulièrement maligne et manipulatrice.

Chögyam Trungpa se met dans une colère noire. Il cherche un objet à jeter à la figure de l'intendant et saisit un magnifique vase donné par l'empereur de Chine à l'un des précédents Trungpa. D'une voix tonitruante, il lui dit : « Allez vous faire foutre ! Si vous ne voulez pas de moi et de ma mère dans votre monastère, aucun problème, nous partons immédiatement. Je n'ai jamais demandé à être un Trungpa. Vous m'avez trouvé. Je n'en ai rien à faire, je pars », et il laisse tomber le vase qui se brise sur le sol.

Une grande réunion a lieu avec tous les responsables du monastère. Ils cèdent – sa mère pourra rester auprès de lui et diriger la laiterie.

En 1977, trente-deux ans après cette première discussion, devenu l'un des principaux enseignants bouddhistes vivant en Occident, Trungpa signe un livre de son nom de famille Mukpo. Il y emploie un langage ordinaire, sans aucun terme bouddhiste. Il est resté fidèle à son intuition d'enfant.

Le Tibet nourrit notre imaginaire. Il est considéré comme une terre mythique et inaccessible. Chögyam Trungpa en révèle la dimension concrète et ordinaire. Il dégonfle le mythe – reconnaissant même l'existence d'une corruption qui, surtout à partir du XIXe siècle, a assombri en partie cette tradition. Sur cette base d'honnêteté, en refusant de faire de l'Orient la réponse à tous nos problèmes, il est possible de découvrir la sagesse qu'il recèle. C'est elle qu'il faut transmettre.

* * *

Je n'ai jamais rencontré Chögyam Trungpa. J'aurais pu le faire, puisqu'il est mort en 1987, alors que j'avais vingt ans. Et j'avais bien reçu une invitation pour aller l'écouter lors de son dernier voyage en Europe. Mais je n'avais aucune idée de qui il était et je me méfiais des gourous. Avec un tel nom, ce devait en être un !

La parole du Bouddha avait pourtant commencé à m'intriguer. À l'adolescence, le discours que l'on me tenait se fissurait à l'épreuve du réel. Les explications de mes parents, de mes enseignants à l'école ou au Talmud Torah, où j'allais tous les dimanches matin, me semblaient le plus souvent étranges et abstraites – sans aucun contenu.

De l'amour, de l'immensité de l'amour, je n'entendais jamais parler. La splendeur du monde qui parfois se découvre à nous n'était jamais évoquée. Et la responsabilité poignante de vivre au mieux son existence et d'apprendre à inventer sa vie était tue.

J'étais troublé. J'aspirais ardemment à devenir moi aussi adulte, à quitter le marais de l'adolescence, et pourtant la perspective présentée me donnait envie de fuir. Je trouvais le projet de gagner de l'argent et de fonder une famille insuffisant. Il y manquait quelque chose qui lui donne sens.

Le bouddhisme m'est apparu comme une possibilité réelle. Comme tant d'Occidentaux, j'ai été frappé par cette parole qui pointe droit en direction d'un sens de présence qui n'est pas construit par des raisonnements, qui ne dépend d'aucune logique, qui n'est pas plus du côté du sentiment que de l'intellect, qui se moque de nos catégories, mais qui s'éprouve dans son évidence sobre et profonde.

Le bouddhisme me faisait aussi peur.

Je pressentais qu'il demandait une conversion de mon être tout entier. Je me souviens de m'être demandé : « Le Bouddha a-t-il raison ? Est-ce que je vis vraiment dans un palais en carton-pâte, de même que tous les hommes que je rencontre chaque jour ? Avons-nous véritablement oublié l'essentiel ? » Cela me semblait une perspective improbable.

J'ai mis quelques années à admettre que le palais dans lequel son père avait contraint le Bouddha à demeurer, et dans lequel en vérité nous sommes tous, d'une certaine manière, enfermés, est une prison. Le Bouddha, lorsqu'il en sortit un moment, découvrit en dépit de la surveillance paternelle un malade, un vieillard et enfin un cadavre – la réalité que nous refusons de reconnaître. Aujourd'hui encore, comme au temps du Bouddha, on tente de nier cette réalité. On tente de croire que la maladie n'est qu'un incident que la médecine scientifique finira bien par guérir. Elle est un échec et non une vérité de l'existence.

Notre société, comme le père du Bouddha, tente de nous faire croire que la vieillesse n'a pas lieu d'être. Il faut cacher ses rides, être toujours dans le coup. Soyons performants le plus longtemps possible et puis disparaissons. Ou, tout au moins, allons nous cacher à l'écart du monde dans une de ces maisons où l'on place les personnes considérées comme trop âgées.

Notre société, comme le père du Bouddha, tente de nous faire oublier la mort et l'angoisse. Elle nous fait croire qu'une bonne mort doit être rapide, discrète, avoir lieu si possible durant notre sommeil, sans que nous soyons conscients et puissions faire de ce temps une transmission, un don d'amour, le dernier de notre vie.

Nos pays occidentaux, qui ressemblent de plus en plus à d'immenses centres commerciaux, suscitant des désirs qui nous occupent constamment dans leur versatilité, sont des formes accomplies de ce palais que le Bouddha a dû quitter. C'en est même saisissant. À côté des nôtres, les efforts du père du Bouddha pour constituer un palais parfait semblent un peu dérisoires.

À vingt et un ans, j'ai eu l'impression d'avoir fait le tour du palais. J'ai alors décidé d'aller regarder par moi-même s'il était possible de mettre un pied dehors. Je n'ai pas cherché à étudier la doctrine bouddhique, mais j'ai préféré me confronter directement à ma propre expérience en suivant le chemin que le Bouddha a montré en s'asseyant, il y a 2 500 ans, sur un coussin de méditation. Ne plus rien chercher à comprendre, mais simplement m'asseoir. Un geste absolument autre que tous ceux que je connaissais jusqu'alors.

Avec le recul, cet intérêt semble bien singulier ! Je ne savais presque rien de cette tradition qui était beaucoup moins connue qu'aujourd'hui. Comment pouvais-je penser que telle était ma voie ? Lorsqu'on examine sa vie, on se rend compte que beaucoup de grandes décisions que nous prenons ne sont pas le résultat d'une analyse intellectuelle. Les engagements les plus importants sont parfois décidés en un instant, de manière intuitive.

J'ai senti que l'exemple du Bouddha, son enseignement, sa communauté pouvaient me parler directement. Qu'ils ouvraient un chemin fidèle à cette vérité que nous connaissons tous – mais que nous avons oubliée ou en laquelle nous n'osons plus croire.

Chögyam Trungpa en est un formidable témoin. Rien dans sa vie, rien dans son enseignement ne répond à ce que l'on peut penser qu'un bouddhiste devrait faire ou dire. Sa liberté désarçonne.

J'ai l'impression que la première rencontre que l'on fait avec quelqu'un est très souvent décisive. Si l'on regarde attentivement ce qui s'y passe, on réalise qu'y était déjà présente en germe toute la suite de la relation – qu'elle soit amoureuse, amicale, professionnelle ou, comme ici, spirituelle. Des années plus tard, des éléments qui avaient alors semblé sans importance prennent sens.

Le premier soir où je suis allé dans un centre bouddhiste, on m'a simplement montré comment méditer. L'atmosphère qui régnait m'est apparue tout à la fois simple et étonnamment sérieuse. Étonnamment – parce que jusqu'alors le sérieux m'avait toujours semblé compliqué et imposant des efforts pénibles dont je me sentais incapable.

Je me rends compte rétrospectivement que, dès ce jour, j'ai rencontré Chögyam Trungpa et que son message m'a frappé de plein fouet : le bouddhisme n'a rien à voir avec ce que vous croyez, il vous concerne de manière beaucoup plus intime que vous ne pouvez le concevoir. De la même manière que Chögyam Trungpa a su, dès son enfance, questionner les évidences de sa tradition et faire confiance à son propre cœur, il nous faut, pour entendre une parole vivante et la laisser irradier en nous, mettre en question toutes les idées reçues que nous avons sur elle.

En présentant le bouddhisme en dialogue réel avec l'Occident, Chögyam Trungpa ne voulait pas introduire une religion de plus, avec son clergé et ses dogmes, sa hiérarchie et ses promesses qui nous semblent aujourd'hui, à juste titre, bien illusoires. Je n'aurais pas pu, de toute façon, m'engager dans une religion quelconque. Je n'aurais pas quitté le judaïsme pour le bouddhisme.

La voie de la méditation m'est apparue comme une réponse à la crise de la transmission qui secoue notre monde – parce qu'elle repose d'abord sur une écoute de l'expérience nue, une épreuve d'intelligence qui ne promet aucune consolation, qui ne dépend d'aucun Dieu personnel qui, après la Shoah, pourrait me considérer et se soucier de moi.

Chögyam Trungpa est, pour cet engagement, bien plus philosophe au sens nietzschéen que maître spirituel. Comme Nietzsche, il a travaillé à diagnostiquer la maladie des Temps nouveaux. Il découvre qu'elle réside dans cette fuite constante de la réalité qui conduit à nier la terre, à ne pouvoir se relier à elle qu'en la détruisant. Comme les hamsters qui avancent dans la roue de leur cage, sans tendre vers aucun destin, nous vivons alors sans lieu propre, sans aspiration réelle, prisonniers de projets minuscules. Chögyam Trungpa est, pour la clarté de ses analyses, un homme face à l'histoire de l'Occident, qui devient planétaire. Il l'interroge, veut lui répondre, en sauvegarder les ressources.

En 1963, lorsque Chögyam Trungpa arrive en Angleterre, à Oxford, il entre de plain-pied dans un monde inconnu, à mille lieues de son Tibet natal ou de l'Inde, où il vient de séjourner. Le choix qui s'offre à lui, il s'est offert à chacun de nous à un moment de notre vie : allons-nous opter pour la facilité du bien connu et tenter de retrouver nos repères, de vivre dans les boîtes de conserve de nos certitudes, ou sommes-nous prêts à explorer l'inconnu – et à trouver une terre réelle ?

Le choix est nécessairement embarrassant.

Un soir, avec l'un de ses amis tibétains, Chögyam Trungpa est invité dans la chapelle de l'université à écouter la *Passion selon saint Mathieu* de Jean-Sébastien Bach : « Ce fut une telle découverte, d'expérimenter l'héroïsme incroyable et la passion spirituelle dans cette atmosphère de sainteté, que j'avais l'impression d'une occasion unique, comme un véritable festin qui m'était destiné. Grâce à la beauté de la musique, je gagnai en appréciation pour l'héritage occidental. L'ami tibétain qui assistait également au concert ne ressentit rien de la sorte. Sa réaction fut : "Nous avons passé trois heures ennuyeuses à écouter des bruits de casseroles, de pigeons et de poulets qui se font tordre le cou." Je me sentais tellement empli d'énergie comme nous sortîmes dans le froid de la nuit anglaise que mon ami se mit à paniquer, me croyant en danger d'avoir été converti au christianisme[1] ! »

J'aime beaucoup cette histoire. Pour planter un arbre, il faut entrer en rapport avec la terre où il va prendre racine. Présenter la parole du Bouddha en Occident sans en connaître les sources de fécondité est une entreprise vaine. Chögyam Trungpa s'est engagé dans ce chemin : comprendre la terre de l'Occident dans sa grandeur la plus secrète et fertile. C'est pour cette raison qu'il a étudié à Oxford avec un enthousiasme profond qui déconcerta ses compagnons. Ou, plus exactement encore, il sut que l'on ne connaît qu'à la mesure de notre amour et il a aimé ce qu'il a étudié, il a aimé la musique de Bach et de Mozart, les mystiques chrétiens, le judaïsme hassidique, les penseurs de la philosophie grecque, les peintres modernes – mieux même que nombre d'Occidentaux ignorant leur propre héritage et aveuglés par le filtre de leur intellectualisme.

C'est grâce à lui que j'ai pu commencer à m'orienter dans l'histoire de l'Occident. Il en indiquait les ressources, comment les laisser croître en moi et me délivrer du discours universitaire qui tue si souvent tout ce qu'il touche, qui ne reconnaît plus dans les œuvres des chances de vie mais les dissèque comme des cadavres.

Nous sommes, dit Nietzsche, morcelés et divisés, coupés de façon presque mécanique entre un intérieur et un extérieur, saupoudrés de concepts qui, comme des dents de dragon, donnent naissance à d'autres concepts-

1. Chögyam Trungpa, *Né au Tibet*, Paris, Éd. du Seuil, 1991, p. 318.

dragons, souffrant en outre de la maladie des mots et pleins de défiance envers nos propres sentiments, tant qu'ils n'ont pas reçu une dénomination homologuée. Il nous faut nous réapproprier notre histoire – ce qui implique de ne rien en accepter sans l'examiner mais de ne rien en rejeter non plus *a priori*. Là réside le sens véritable de l'éducation, qui doit viser, pour reprendre les mots de Nietzsche, à « nous enraciner dans notre existence », à ne pas laisser la civilisation être « une fleur de papier piquée sur la vie ou versée dessus comme un nappage de sucre »[1].

* * *

Ayant appris la langue de l'Occident, apprivoisé ses racines et exploré ses ressources, Chögyam Trungpa part à la découverte du Nouveau Monde. Là, son questionnement devient plus aigu encore. Comment parler directement à l'expérience de chacun ? Comment ne pas présenter une doctrine de plus mais engager chacun à regarder avec honnêteté sa propre existence ?

Chögyam Trungpa comprend que l'Occident n'a pas besoin d'un nouveau discours moral lui disant ce qu'il faut ou ne faut pas faire, mais qu'il doit retrouver le sens de la liberté. Il rejoint ici l'analyse de Nietzsche montrant que la morale repose sur un instinct qui se venge de la vie. Au nom du bien et du mal, on se cache derrière des règles fixes sans prendre en compte la singularité de chaque situation. On domestique le cœur et on l'étouffe.

1. Friedrich Nietzsche, *Considérations inactuelles II, De l'utilité et des inconvénients de l'histoire pour la vie*, trad. Pierre Rush, Paris, Gallimard, 1990, p. 162.

Nous n'avons pas besoin de nouveaux manuels de comportement. Il nous faut apprendre à habiter enfin la terre de notre expérience. C'est ainsi que Chögyam Trungpa prend la décision, pendant les premières années de son enseignement, de présenter des séminaires dont le titre est « Travail, argent et sexe ». Voilà un sol réel. Ne rêvons pas. Affrontons notre vie, même là où elle est la plus embarrassante.

Travail, argent et sexe – un très beau terreau. Rien ne semble moins spirituel que ces trois défis auxquels nous sommes tous confrontés.

Le travail

Le travail est souvent vécu comme une activité contrainte, une forme d'agression. Nombre de gens le vivent même comme une malédiction à laquelle ils se sont résignés.

Pour Chögyam Trungpa, voilà au contraire un excellent champ d'expérience. Inutile de considérer le travail comme un harassement nécessaire, quelque chose qui nous éloigne de notre propre être, en espérant qu'un jour nous serons assez riches pour partir à la retraite, acheter une petite maison de campagne – et être enfin heureux. Raisonner ainsi, c'est se séparer de l'expérience que nous faisons, de ce que nous sommes. C'est hypothéquer le présent pour un avenir qui, par définition, est incertain.

Chögyam Trungpa nous invite à regarder plus avant la réalité du travail. Il y a, dans notre monde, un préjugé contre lui. Adam et Ève menaient une existence oisive. Mais après avoir goûté au fruit défendu, ils ont été chassés du jardin d'Éden et condamnés à gagner leur pain à la sueur de leur front. L'idée que le travail est un châtiment est si bien ancrée dans nos civilisations que nous inclinons à dépeindre le paradis comme exempt de toute peine, et en premier lieu de toute activité. Pourtant, dans la réalité, nous vivons souvent de grands moments de joie dans notre métier. Le travail nous offre des défis qui nous rendent heureux lorsque nous réussissons à les relever. C'est uniquement en raison de nos préjugés que nous ne le reconnaissons pas.

Mais, pour y arriver, il importe de distinguer l'*emploi*, la *carrière* et la *vocation*. Emploi – le travail est une corvée que nous faisons uniquement pour le chèque que nous recevons à la fin du mois ; carrière – nous sommes mus par l'avancement, la reconnaissance sociale et la recherche du pouvoir ; vocation – l'essentiel devient ce que nous y accomplissons et nous pourrions même, à la rigueur, poursuivre nos efforts sans être payés. Nous sommes heureux de ce que nous faisons. Le défi pour chacun de nous est de trouver des manières d'être à l'écoute de sa vocation et de l'accomplir.

Chögyam Trungpa a toujours, pour cette raison, encouragé ses étudiants à ne pas renoncer à leur travail en raison de leur engagement dans une voie spirituelle. Ce ne serait, dans la plupart des cas, qu'une fuite en avant. Il a même fondé un groupe de gens engagés dans la vie économique qui se réunissait régulièrement pour comprendre comment faire de leur métier une occasion de célébrer leur existence et de concourir au bien commun.

Le poète Rainer Maria Rilke a écrit des pages fulgurantes sur ce thème. C'est auprès du grand sculpteur

Rodin – dont il devint le secrétaire – qu'il découvre le sens du travail. Dans une lettre qu'il lui adresse, il lui dit : « Ce n'est pas seulement pour faire une étude que je suis venu chez vous, c'était pour vous demander : comment faut-il vivre ? Et vous m'avez répondu : en travaillant. Et je le comprends bien. Je sens que travailler, c'est vivre sans mourir[1]. »

Rilke découvre que le travail n'est pas un ensemble de contraintes abrutissantes. Par la discipline qu'il réclame, par la manière dont il nous met sans cesse en rapport à la terre du réel, il nous permet de vivre pour de bon : « Quelque chose ne peut pas devenir une vie grâce aux grandes idées, mais grâce à ceci que l'on en dégage un métier, une chose quotidienne, et qui dure auprès de vous jusqu'à la fin[2]. »

Le travail ne nous met pas seulement en relation avec la réalité, il nous offre aussi une tâche qui est proprement nôtre. Il nous sauve ainsi de l'oisiveté où l'on passe des heures « à ne rien faire, à se laisser dorloter. À attendre en feuilletant de vieux albums, en lisant de vagues romans[3] ». L'oisiveté n'est pas condamnée par Rilke au nom de l'éthique bourgeoise de la rentabilité, mais parce qu'elle nous empêche d'avoir un sol ferme nous permettant de faire face aux bourrasques de la vie et parce qu'elle nous éloigne de notre propre centre. En effet, tout travail est d'abord travail sur soi, une manière de se former, d'apprendre à être juste.

1. Rainer Maria Rilke, lettre à Auguste Rodin, 11 septembre 1902, citée in *R. M. Rilke*, Paris, Seghers, 1970.

2. Id., *Auguste Rodin*, in *Œuvres I, Prose*, trad. Maurice Betz, Paris, Éd. du Seuil, 1966, p. 435.

3. Id., *Lettres sur Cézanne*, trad. Philippe Jaccottet, Paris, Éd. du Seuil, 1991, p. 31.

Impossible de devenir qui tu es, écrit Rilke, « aussi longtemps que le travail ne s'est pas confondu avec ta nature au point que tu ne puisses faire autrement que t'affirmer en lui. Alors, travaillant ainsi, tu es la lance lancée avec maîtrise ; hors de la main de la lanceuse, des lois qui t'accueillent et fondent avec toi sur la cible. – Qu'y aurait-il de mieux assuré que ton vol[1] ? ».

Notre tâche est double. Non seulement faire du travail un espace de réalisation mais aussi en faire une occasion de regarder comment nous agissons, de nous mettre face à nous-mêmes. Il y a là la présence d'une discipline aussi rigoureuse que vivante.

L'argent et le sens véritable de la richesse

L'argent est un autre champ qui suscite quiproquo et égarement. Dès que l'on aborde le sujet, deux attitudes s'opposent : être obsédé par l'idée que nous devrions en avoir davantage ou penser qu'il n'est ni spirituel ni parfaitement moral de s'en occuper. En réalité, ces deux attitudes sont autant de manières de ne pas regarder ce qu'il est et la nécessité où nous sommes de nous relier à lui.

L'argent offre lui aussi une magnifique occasion de nous confronter à nous-mêmes et de cesser de rêver tant il nous confronte à la réalité. Il nous touche de manière très profonde car de lui dépendent notre sécurité physique, la possibilité de se nourrir, se vêtir et se loger. Nous dissimulons l'embarras qu'il suscite en le nommant de toutes sortes de manières étranges : du blé, de

1. Id., *Le Testament*, trad. Philippe Jaccottet, Paris, Éd. du Seuil, 1998, p. 25.

l'oseille, du fric... Mais la fascination comme la peur de l'argent sont des distorsions inutiles. Si nous entrons en rapport à lui simplement, nous pouvons reconnaître qu'il n'est pas un simple outil d'échange mais une occasion de développer davantage d'attention à la réalité et à notre propre état d'esprit[1].

L'argent expose de manière très claire notre rapport au monde – nos frustrations comme nos espérances. Combien de gens l'utilisent pour s'imposer dans les relations sociales, pour soumettre ceux qui leur résistent ou pour témoigner de leur appréciation ? L'argent dit toujours quelque chose d'autre. En ce sens, il est un surprenant miroir.

Lorsque l'argent devient ainsi l'occasion d'une discipline réelle, nous rapporter à lui nous permet de dépasser ce que Chögyam Trungpa nomme le « sentiment de pauvreté » qui nous étreint si souvent et qui peut prendre d'innombrables visages. L'idée qu'il nous manque quelque chose pour exister est ancrée dans l'esprit de la plupart d'entre nous. Cette soif est sans raison et elle n'est jamais étanchée. Or, toutes les enquêtes le montrent, même s'il est difficile de le croire, le niveau de richesse financière ne contribue nullement au bonheur.

Le sens véritable de la richesse vient en vérité d'abord du sentiment que nous sommes pleins de ressources et profondément reliés à celles qui existent dans le monde.

Au lieu de nous morfondre à cause de ce qui nous manque – que ce soit des biens matériels, des consolations affectives ou encore de la reconnaissance et du respect social –, ouvrons-nous à la véritable richesse.

1. Chögyam Trungpa, « Money », *Harpers Magazine*, juin 1970.

Marcel Proust décrit avec beaucoup d'humour la situation d'un jeune homme modeste qui, après avoir rêvé à une vie de richesse en contemplant au Louvre les plus grands tableaux, se retrouve chez lui, devant la misère de son intérieur, voyant un couteau traîner sur la nappe « à côté d'un reste de côtelette saignante et fade ». Il est pris d'une sensation proche de l'écœurement. Il se sent humilié de devoir vivre dans un tel dénuement.

Proust montre que ce qui lui fait défaut n'est pas l'argent mais la poésie. Il lui conseille de retourner au Louvre et d'y regarder les peintures de Chardin, ce peintre de tout premier plan qui, au XVIIIe siècle, peignait des natures mortes toutes simples. « Là, il ne verra qu'un intérieur de cuisine où un chat vivant marche sur des huîtres, des objets de table ordinaires, quelques fruits posés les uns sur les autres – mais montrés dans une splendeur que le peintre a su reconnaître en eux[1]. »

Proust montre avec cet exemple que, pour une part, c'est notre regard qui donne son caractère à la réalité. La pièce où vit le jeune homme et qui lui semble désespérante, ennuyeuse, peut devenir, grâce au regard de Chardin, magnifique – sans avoir pour autant changé. Nous pouvons porter un tel regard sur tout ce que nous faisons et apprendre à y reconnaître la beauté qui y réside.

Les êtres toujours frustrés par un manque de reconnaissance sont eux aussi prisonniers de ce sens de pau-

1. Marcel Proust, *Contre Sainte-Beuve*, Paris, Gallimard, coll. « Bibl. de la Pléiade », 1971, p. 375.

vreté. Incapables de voir la vraie sanction du travail, incapables de reconnaître leurs vrais amis, ils passent à côté de l'essentiel. Et jamais leur quête ne les soulage ni ne les pose dans la paix.

Le sexe

Le sexe est un autre champ de notre vie que nous avons du mal à mettre à sa juste place. Nous en faisons toute une histoire et n'en parlons généralement que pour ne pas affronter la puissance qu'il recèle et qui nous attire tout autant qu'elle nous effraie. Le désir sexuel est tellement brûlant et nous le maîtrisons si mal que nous préférons le refouler ou l'assouvir pour mieux nous en débarrasser, comme une tension trop longtemps retenue.

Nous instrumentalisons ainsi la sexualité sans réussir à nous relier simplement à elle.

Par exemple, nous voulons que notre partenaire nous aide à nous sentir vivant, sans le voir comme un être humain à part entière, à qui donner sa vraie place. Nous ne nous relions nullement à lui, nous cherchons à le posséder, à le contrôler. Dans une de ses causeries, Chögyam Trungpa explique comment autrui devient alors une sorte de « steak saignant et juteux » que nous nous apprêtons à dévorer. Nous croyons aimer quand nous sommes juste affamés ! Se sentir insignifiant, être fasciné par l'autre, autant de manières de manquer l'occasion d'une rencontre réelle. Dans tous les cas, nous évitons l'aspect abrupt de la réalité de la passion qui, en sa nature propre, est une énergie pure et ouverte, une manière de traverser et de métamorphoser l'indomptabilité de notre être.

Les enseignements sur le sexe que donne Chögyam Trungpa ne sont pas toujours excitants. Ils sont même, en un sens, vexants. Qui a envie de se voir ainsi percé à jour ? Pourtant, si l'on accepte de faire cette épreuve, de voir son angoisse devant la sexualité, un magnifique chemin s'ouvre à nous. Le désir est une source de vitalité à laquelle il nous faut apprendre à faire confiance. Lorsqu'on parle à quelqu'un, donner droit à la passion dans son ardeur la plus juste implique de trouver le point de jonction où le discours commun, les affaires à régler, le bavardage présentent une faille. Là est l'espace d'une vraie rencontre. Quelque chose se passe. Chögyam Trungpa était un maître dans cet exercice. Chaque rencontre lui donnait l'occasion de manifester son ardeur, d'ouvrir son cœur.

Pas besoin d'avoir lu Freud pour savoir qu'un élan sexuel est à l'œuvre de manière plus ou moins explicite dans toute rencontre. Mais nulle raison d'interpréter cet élan comme une pulsion ! Pour Chögyam Trungpa, il est un appel de la vie qui nous invite à rencontrer le monde et à l'épouser.

Rien n'est plus erroné que de croire que le bouddhisme vise à tuer le désir. Le vrai désir, le beau désir ardent, nous permet de briser les barrières de la peur et de nous relier à ce qui est. Lorsque nous saluons un voisin dans la rue, en lui disant un mot gentil, nous faisons bien, sous un mode mineur, ce geste. Nous cherchons à entrer vraiment en contact avec lui. Lorsque je lis la correspondance des grands épistoliers du XXe siècle, et tout particulièrement celle de Marcel Proust ou de Rainer Maria Rilke, je reçois toujours un enseignement où le savoir-vivre et la vigueur de la passion s'harmonisent. Ils déploient tous deux des trésors d'intelligence, de cœur et de finesse pour réussir à ouvrir le cœur de leurs correspondants. La sexualité n'est qu'un mode, certes éminent, où deux êtres peuvent se rencontrer. Elle n'est ni plus ni moins que cela.

On comprend le désarroi de Rilke devant l'institution chrétienne qui, avec un « mélange insupportable de mépris, de convoitise et de curiosité », nie cette ressource. Refouler l'acte d'amour à la périphérie de la vie est, pour Rilke, le symptôme de notre détresse : « La fausseté et l'insécurité effroyables de notre époque ont leur origine dans cette non-reconnaissance du bonheur du sexe, dans cette culpabilisation parfaitement fausse, qui ne cesse de s'aggraver et nous coupe de tout le reste de la nature[1]. » Notre temps, qui a prétendu « libérer la sexualité », n'a en rien répondu au souci de Rilke. Toujours effrayé devant la grandeur et la vérité de la sexualité, il en saccage, lui aussi, les ressources. Dans une de ses *Lettres à un jeune poète*, Rilke le présageait : « La volupté de la chair est une chose de la vie des sens au même titre que le regard pur, que la pure saveur d'un beau fruit sur notre langue, elle est une expérience sans limites qui nous est donnée, une connaissance de tout l'univers, la connaissance même dans sa plénitude

1. Rainer Maria Rilke, *Lettres d'un jeune travailleur*, in « *Donnez-nous des maîtres qui célèbrent l'Ici-Bas* », trad. Gérard Pfister, Paris-Orbey, Arfuyen, 2006, p. 80 *sq*.

et sa splendeur. Le mal n'est pas dans cette expérience, mais en ceci que le plus grand nombre en mésusent, proprement la galvaudent. Elle n'est pour eux qu'un excitant, une distraction dans les moments fatigués de leur vie, et non une concentration de leur être vers les sommets[1]. »

* * *

Être juste dans son travail, avoir un rapport sain à l'argent, donner à la sexualité sa vraie place, voilà ce que les grands visionnaires de notre temps ont su reconnaître comme le seul sol sur lequel s'appuyer. Si différents que soient leurs parcours, Nietzsche, Rainer Maria Rilke et Chögyam Trungpa y ont insisté. Ils ne se sont pas interrogés sur la finitude de l'univers, l'existence réelle ou illusoire de la liberté, ou la vie après la mort.

Notre tâche, nous disent-ils, est d'abord d'apprendre à développer plus d'attention à notre existence. Ne rien croire, ne rien savoir avant de l'éprouver par un regard juste et ouvert. Le travail, l'argent et le sexe nous confrontent à un ensemble d'angoisses aussi profondes que réelles. Il n'y a là aucune faute ni erreur, mais la base d'une discipline réelle.

La morale – en nous disant que nous ne devrions pas être en colère, que nous ne devrions pas avoir de désirs trop singuliers, en nous incitant à nous méfier de nous, à redouter les « pulsions » qui nous habiteraient, en nous menaçant, en nous parlant de fautes et de règles – restreint considérablement le champ de notre attention.

1. Id., *Lettres à un jeune poète*, trad. Bernard Grasset, in *Œuvres I*, *op. cit.*, p. 325.

Elle nous détourne de ce qu'il nous faudrait accomplir. Le chemin ne vise pas à nier nos problèmes, ni à essayer de les cacher, mais à plonger en eux pour en comprendre les ressorts et nous en libérer. Il est bien plus exigeant que ne l'est la morale avec ses règles formelles et son hypocrisie.

Depuis mon plus jeune âge, le discours moral me trouble. Longtemps, je me suis réveillé en pleine nuit, en nage et dans un état de terreur. Je faisais toujours le même rêve : la Gestapo ou la Milice venait me chercher pour me conduire dans un camp. Je me réveillais au moment où ils m'emmenaient, dans un état d'effroi indescriptible. Par un concours de circonstances et par chance, mes grands-parents n'ont pas été déportés, alors que tant de membres de notre famille – leurs parents et la plupart de leurs frères et sœurs – ont péri en camp. Comme me disait mon grand-père, « pendant des mois, là où nous mangions nous ne dormions pas, et là où nous dormions nous ne mangions pas ». Leur vie était une fuite incessante. La menace d'une rafle et d'une mort atroce est restée, dans ma famille, fût-ce de manière non dite et non explicitée, à l'arrière-plan de tout ce que nous vivions. Enfant, je passais mon temps à cacher de la nourriture dans les tiroirs, sous les lits. Je me surprends encore au supermarché à compter combien de jours mes réserves me permettraient de survivre si je devais me cacher et ne plus sortir de chez moi.

Cette angoisse ne m'a jamais entièrement quitté.

Toutes les décisions et tous les engagements que j'ai pris dans ma vie en ont été traversés. Une manière d'essayer de faire face à cet effroi, qui de toute façon, que je le veuille ou non, a prise sur moi. S'explique sans doute ainsi l'impossibilité où je suis d'accepter nombre des discours sur la Shoah. À commencer par le discours, certes peu fréquent mais insupportable, que tiennent certains rabbins, justifiant la Shoah par la faute du peuple juif qui se serait détourné de Dieu et aurait ainsi brisé l'Alliance.

Mais le discours convenu sur le « devoir de mémoire » et l'appel à la morale qui aurait ici failli ne me semble pas satisfaisant. Le désastre de la Shoah impose une remise en question de l'édifice tout entier de notre savoir – beaucoup plus radical que ces quelques injonctions.

Nous devons penser la singularité de la Shoah, même si un tel effort est aussi terrible qu'effrayant car il fait tout vaciller. Toute la morale de l'Occident, la grande morale du devoir, la morale que Kant a si longuement méditée, n'a en rien permis de mettre un frein à l'abominable et ne nous a été d'aucun secours. Il me semble indispensable de porter la pensée jusqu'à ce point : la morale a servi de justification aux nazis. Ils ont tous prétendu avoir agi par devoir. Jamais par pulsion de mort. Leurs actes étaient d'une impitoyable rationalité. L'avocat général qui demandait lors du procès d'Eichmann, à Jérusalem, en 1961, la peine de mort en comparant l'accusé à une bête, à un monstre, s'est détourné du vrai problème. Nous n'en avons pas le droit. Et si nous voulons, de l'autre côté, comprendre les Justes, ceux qui se sont engagés, souvent au prix de leur vie, pour sauver des hommes, des femmes, des enfants, il faut reconnaître que ce n'est pas au nom de la morale rationnelle qu'ils ont agi, mais mus par un instinct irrépressible, par un sentiment qui les a saisis dans leur être tout entier. C'est lui qu'il faut comprendre.

Hannah Arendt dut fuir son pays natal lorsque les nazis ont pris le pouvoir. Elle s'est réfugiée aux États-Unis et a été l'une des premières philosophes à tenter de penser l'antisémitisme, la singularité de la Shoah, le totalitarisme, dans l'unité de ses divers visages. Lors du procès d'Eichmann, où elle fut envoyée par le *New Yorker* comme chroniqueur, elle s'est interrogée sur ce paradoxe : comment un des responsables du génocide pouvait-il n'être qu'un fonctionnaire ordinaire, simplement soucieux d'accomplir au mieux son devoir – sans rien mesurer de l'horreur de sa tâche et de la responsabilité personnelle qu'elle impliquait ?

Presque tous les soldats SS ayant été dans le camp de concentration d'Auschwitz entre 1940 et 1945 et qui ont comparu après guerre devant un tribunal ont nié toute culpabilité. N'est-ce pas saisissant ? Les bureaucrates, responsables des camps de la mort, se considérèrent tous comme de simples exécuteurs d'ordres, au point que le juge Hofmeyer, lors des procès de Francfort, en 1963, déclara : « Je n'ai encore rencontré personne qui ait commis quelque méfait à Auschwitz. »

Hannah Arendt, pour expliquer cette situation, a forgé le concept de « banalité du mal ». Les nazis n'étaient pas des « monstres en marge de l'humanité », mais de simples et pathétiques fonctionnaires. C'est là le terrible : la Shoah n'est pas un accident de parcours dans l'histoire de l'Occident, un surgissement inopiné de barbarie. Elle s'inscrit dans la profondeur de notre histoire. Pour avoir tenu de tels propos, Hannah Arendt fut traînée dans la boue et l'objet de calomnies d'une violence et d'une indignité féroces.

Pourquoi ?

Parce qu'il était choquant de reconnaître que le discours courant et lénifiant n'est pas à même de rendre compte de la réalité et que la Shoah remet en question, de manière radicale, notre compréhension habituelle de la morale, et par là notre compréhension de l'être même de l'être humain, ou pour le dire tout simplement : il n'est plus possible de penser que la lutte contre ses instincts au nom de la raison suffirait à établir une véritable éthique et nous permettrait d'agir de façon juste. Le nazi n'est pas un simple monstre. La destruction de millions de vies a été programmée consciencieusement sur des années. Elle n'est pas un sursaut de bestialité.

Plus on y réfléchit, plus l'évidence s'impose : le nazisme ne fut pas une explosion d'irrationalité ; il répond à un projet parfaitement rationnel dont nous n'avons pas commencé à prendre la mesure. L'historien Benno Müller-Hill le remarque : « Les scientifiques tiennent à l'objectivité et honnissent l'appréciation. Mais la pure objectivité conduit à considérer toute chose comme faisable. La mise à mort des malades mentaux ? Pourquoi pas, si des motifs économiques la rendaient objectivement nécessaire et si elle était objectivement organisable ? L'utilisation des malades mentaux, des juifs, des Tziganes, comme cobayes avant leur – indispensable – mise à mort ? Si les autorités le permettaient, pourquoi pas[1] ? »

Benno Müller-Hill s'interroge aussi sur le fait que ce furent des médecins qui se chargèrent de la sélection finale et de l'extermination, et non des brutes incultes : « Pourquoi des médecins ayant reçu une formation anthropo-

1. Benno Müller-Hill, *Science nazie, science de mort. L'extermination des juifs, des Tziganes et des malades mentaux de 1933 à 1945*, Paris, Odile Jacob, 1989, p. 98.

logique se trouvaient-ils sur la rampe à Auschwitz, chargés de mener à bien la sélection et la mise à mort ? Pourquoi des médecins ayant été formés à la psychiatrie étaient-ils prêts à tuer leurs patients ou à les laisser mourir de faim ? [...] Ces médecins généticiens, ces psychiatres, ces éthologues crurent qu'il leur suffisait de comprendre respectivement les gènes humains, la structure fine du cerveau humain et le comportement de l'animal pour se comprendre eux-mêmes, comprendre les êtres humains, leur société et leur histoire. » Benno Müller-Hill touche là au cœur de la pensée occidentale. Et si notre souci de rationalité et d'efficacité ne nous prémunissait nullement du nazisme mais au contraire le rendait possible ?

La conception de l'être humain comme un *animal rationnel*, un être dont l'humanité se gagne par la domination rationnelle de son « animalité » conduit à une impasse. Il ne s'agit pas de renverser les termes de l'opposition entre raison et instinct, mais d'en comprendre la douloureuse insuffisance.

La tâche de l'être humain n'est pas la domination de son animalité ! Cette conception, comme le souligne Nietzsche, est en train de miner l'Occident : « La glace qui nous porte, écrit-il, est devenue trop mince : nous sentons tous le souffle chaud et dangereux du vent du dégel. » Cessons de nous méfier de ce que nous sommes, d'avoir peur de nos prétendus instincts, et méfions-nous, insiste Rilke, de l'emprise des religions qui « à mesure que leur feu s'ensevelissait sous plus de couches refroidies, dégénéraient en morales [1] ». Méfions-nous de la morale !

1. Rainer Maria Rilke, *Œuvres III*, *Correspondance*, trad. Philippe Jaccottet, Paris, Éd. du Seuil, 1976, p. 519.

Lorsque je pense à la lutte de Nietzsche et de Rilke contre cette emprise de la morale – qui leur est apparue à tous deux insupportable – et à leur souci de libérer le feu de la vraie vie, deux anecdotes me reviennent en mémoire qui permettent de comprendre d'où ils parlaient.

Le 3 janvier 1889, alors qu'il séjournait à Turin, Nietzsche voit sur la Piazza Carlo Alberto un cocher qui roue son cheval de coups de fouet. Nietzsche se précipite, prend l'encolure de l'animal entre ses bras et éclate en sanglots. Foudroyé, il s'effondre au sol. Il ne se relèvera plus. Les dix années suivantes, il les passe dans un état de claustration. Sa pitié pour un cheval aura été son dernier acte conscient.

Rilke en 1906 se promène avec une amie au jardin du Luxembourg. Ils y rencontrent devant la grille une vieille femme qui mendie. Ses yeux ne se lèvent jamais vers les passants, aucune prière ne sort de ses lèvres. Elle mendie, le dos rond toujours couvert d'un fichu noir. Rilke a l'habitude de déposer dans ses mains une aumône. La vieille femme, sans lever la tête, ne dit jamais un mot de remerciement, et tous les passants sont logés à la même enseigne. Ce jour-là, l'amie dit à Rilke : « Elle est peut-être riche et a une cassette comme l'Harpagon de Molière. » Rilke ne répond qu'avec un léger regard de reproche. Puis, les voilà devant la mendiante qui vient juste de s'installer dans sa pose de misère – sans avoir encore rien reçu. Rilke s'incline devant elle, avec respect – et il dépose une rose sur les genoux de la vieille. Celle-ci lève alors les yeux sur Rilke et, d'un geste prompt, lui saisit la main, la baise et s'en va à petits pas usés – sans mendier davantage ce jour-là. Ce fut pour la jeune femme une immense leçon. Rilke, écrivit-elle, rendait les êtres beaux, leur suggérant des gestes descendus directement de la plus haute noblesse.

Rilke et Nietzsche n'ont pas décidé, par raisonnement, d'être bons. Ils ont été appelés du plus profond de leur être à répondre à la souffrance. Ils n'ont pas pu faire autrement. Leur ouverture à ce qui blesse était trop vive. Lorsque nous voyons un enfant tomber et se faire mal, un haut-le-cœur nous étreint. Nous pouvons ensuite décider que nous n'en avons rien à faire, que ce n'est pas notre problème et que peu importe s'il s'est blessé. Mais nous avons été touchés à la racine de notre être. Être fidèle à cet ébranlement – qui peut être très ténu – tel est le chemin.

Voilà pourquoi les êtres humains prennent soin des leurs lorsqu'ils sont fatigués ou malades. Parce que cette blessure est le lieu de l'amour. Lui être loyal est la manière dont l'homme peut réussir à être humain.

Le seul geste juste est celui qui vient sans que personne ne puisse s'en vanter. On n'imagine pas Nietzsche se faire, comme nos gardiens de la vertu, photographier devant le cheval pour montrer qu'il a du cœur ou justifier son acte par quelque raisonnement brillant. Un mouvement irrépressible le saisit. La tâche de l'homme est d'arrêter de couvrir, de recouvrir, de nier cette ouverture de grande tendresse qui ne demande, en lui, qu'à venir au jour.

C'est par un mouvement d'âme, un mouvement qui saisit l'être tout entier, que l'homme est juste et agit avec amour. Voilà ce que j'ai, pour une part, appris de

Chögyam Trungpa. Son enseignement vise à nous faire approcher ce point tendre qui demeure au creux de notre être – et que Nietzsche comme Rilke ont su faire vibrer.

Nous sommes sans cesse en contact avec le monde. Une parole et nous voilà blessés. Une autre et nous voilà en joie. Nous sommes toujours vulnérables. Chögyam Trungpa souligne que là, et seulement là, réside le lieu réel de l'éthique, le lieu qu'il nous faut gagner.

Avec son goût des images, Chögyam Trungpa décrit ce lieu comme un bouton si douloureux qu'on ne veut pas le frotter ni même l'effleurer. On ne l'aime pas. On voudrait pouvoir être dur et se préserver de cette sensibilité. « Il y a des gens qui traduisent ce point sensible ou plaie ouverte en "convictions religieuses" ou en "expériences mystiques". Mais oublions tout ça. Cela n'a rien à voir avec le bouddhisme, rien à voir avec le christianisme et, d'ailleurs, rien à voir avec quoi que ce soit. Il s'agit tout bêtement d'une plaie ouverte, d'une simple plaie ouverte. Et c'est très bien comme ça, au moins existe-t-il un point en nous qui soit accessible. Nous ne sommes pas tout le temps entièrement cuirassés[1]. » Ce point est notre capacité à aimer, une capacité à être touché par quelque chose. Lui donner droit, le reconnaître, est la seule possibilité réelle d'une éthique digne de notre temps.

Nous n'avons pas tant besoin de disposer d'une série de règles de comportement que d'une discipline réelle pour être plus près de soi dans l'espace d'une rigou-

1. Chögyam Trungpa, *L'Entraînement de l'esprit et l'Apprentissage de la bienveillance*, Paris, Éd. du Seuil, 1998, p. 38 *sq*.

reuse vulnérabilité : « Il est bon de répéter ici, explique Chögyam Trungpa, que nous ne rangeons pas nos expériences dans les casiers de la vertu, de la religion ou de la "mondanité". Nous avons à établir simplement un lien avec les choses qui surgissent dans les différentes situations de la vie[1]. »

Cette immense fragilité qui m'a si longtemps fait peur et que je prenais pour de la faiblesse contient une sagesse et une solidité réelles. Tant qu'on la fuit, on se détourne de la source vivante de notre propre existence. Le défaut de toute morale est de passer trop vite par-dessus ce point – notre véritable humanité. C'est elle qu'il nous faut, de toute urgence, apprendre à laisser être.

1. Id., *Folle Sagesse*, Paris, Éd. du Seuil, 1993, p. 26.

2

Nous sommes faits pour l'impossible

Pourfendre le matérialisme intellectuel et spirituel et refuser les consolations

> [...] ici, il faut voler ;
> avec les ailes, dis-je, et les plumes rapides
> du grand désir...
>
> DANTE[1]

L'une des plus grandes œuvres poétiques du XXe siècle, les *Élégies de Duino*, a une histoire fascinante. Lorsque le poète Rainer Maria Rilke en débuta la rédaction, il pressentit qu'elles allaient être son grand œuvre, mais, pendant près de dix ans, il fut incapable de les achever. « Côté travail, je ne fais rien. Mon cœur est arrêté comme une horloge dont le pendule, ayant heurté le mur de la détresse, s'est bloqué », écrit-il dans une lettre de 1920. La catastrophe de la Première Guerre mondiale avait brisé en lui toute possibilité d'écrire. Son désespoir fut si grand qu'il pensa même publier le texte en l'état – ce qui aurait été la reconnaissance de l'échec de toute sa vie.

En février 1922, il trouve, après des années d'errance, abri dans le vieux château de Muzot, en Suisse, sorte de

1. Dante, *Purgatoire*, IV, 27-29, trad. Jacqueline Risset, Paris, Flammarion, 1988, p. 47.

vaste tour fortifiée du XIIe siècle. Les pièces sont petites, des cellules austères garnies de meubles anciens. Il n'y a ni électricité ni téléphone et l'intimité avec le silence y est si absolue que Rilke décide aussitôt d'en faire son refuge. Là, il attend. Et un jour, sans qu'il l'ait voulu, il finit son cycle de poèmes : « Tout ceci, en peu de jours, c'était un ouragan indicible, une tempête dans l'esprit comme jadis à Duino. Tout ce qui est fibres et tissu en moi sembla se briser. Impossible de penser à me nourrir. Dieu sait qui l'a fait. Mais à présent. Cela est – cela est – cela est. Amen. C'est donc pour cela que j'ai tout supporté, tout traversé, oui, tout, et voilà ce qui était nécessaire, seulement cela[1]. » Les années d'angoisse et de douleur dans l'attente de l'inspiration poétique trouvaient ainsi leur fin.

Il est bouleversant de sentir le poète demeurer tout entier dans l'attente que la poésie vienne à lui. Rilke traverse ces années, attentif à préserver la venue d'une inspiration qu'il ne peut pas créer de lui-même. Il est contraint de déployer des trésors d'attention sans pouvoir diriger ses efforts dans aucune direction. Qu'est-ce qui est le plus difficile : retenir un cheval ou le laisser courir ? Et, puisque c'est nous, le cheval que nous retenons – des deux le plus pénible : être retenus ou laisser jouer notre force ? C'est évident, le simple fait de devoir attendre demande un effort soutenu que nous ignorons trop souvent. Nous pensons spontanément que la seule possibilité qui nous soit offerte, dans des situations diffi-

1. Rainer Maria Rilke, lettre à la princesse Marie de La Tour et Taxis, *in* princesse de la Tour et Taxis, *Souvenirs sur Rainer Maria Rilke*, trad. Maurice Betz, Paris, Émile-Paul Frères, 1936, p. 199.

ciles, est de faire quelque chose pour les changer ou, à l'inverse, de ne rien faire et de se consacrer à autre chose. Mais Rilke, lui, ne fait que ménager l'attente d'un inconnu qu'il espère de tout son être.

Au moment où l'inspiration lui vint, il lui fallut écrire sans arrêt au point que sa main ne pouvait plus suivre l'effervescence passionnée qui était en train de le saisir. Même lorsqu'il sortait pour aller respirer, à peine dehors, il devait reprendre son carnet et écrire de nouveau. Et, ô miracle, il reçut en même temps que la fin du cycle des Élégies les *Sonnets à Orphée*, son autre chef-d'œuvre.

Chögyam Trungpa s'est trouvé dans une situation qui présente de nombreuses ressemblances avec celle de Rilke. En Angleterre, après sa rupture avec son ami d'exil Akong, il traverse une période d'isolement et d'angoisse extrêmes. Aucun chemin ne s'ouvre à lui. Il en fait l'épreuve avec le plus grand courage, sans chercher aucune échappatoire ou consolation.

Au cœur de cette crise, il est invité par la famille royale du Bouthan, petit pays bouddhiste de l'Himalaya, à venir y résider. La reine, un peu frustrée de ne pas parler correctement le tibétain, espère que son anglais sera suffisant pour que Chögyam Trungpa lui enseigne dans cette langue.

La perspective d'un tel voyage enthousiasme Chögyam Trungpa. Après des années loin de son pays, revenir dans une contrée bouddhiste lui plaît. Peut-être y trouvera-t-il l'inspiration qui lui fait défaut ? Comme Rilke, il pressent qu'un lieu où la solitude est vivante est l'idéal pour libérer en nous la vie et l'inspiration qui se bloquent.

Chögyam Trungpa ne sait que faire, quelle direction prendre. Faut-il continuer à vivre en Occident et tenter d'y présenter les enseignements qu'il a reçus au Tibet ? Faut-il renoncer et croire ceux qui affirment que jamais l'enseignement du Bouddha ne pourra être compris par les Occidentaux ? Mais alors, à quoi bon continuer de vivre ? Rien d'autre n'a de sens pour lui. Il ne vit que dans l'eau vive de la parole du Bouddha.

Arrivé au Bouthan, Chögyam Trungpa entreprend une retraite dans une caverne située au sommet d'une montagne. C'est un lieu célèbre car le grand maître bouddhiste Padmasambhava y a, dit-on, demeuré. Padmasambhava est pour Chögyam Trungpa ce qu'Orphée fut pour Rilke : un personnage tout à la fois historique et mythique, la source même de la parole vivante. Padmasambhava est l'explosion d'amour et de vigilance qui ne craint rien, qui résonne comme le bruit du tambour dans la vallée. Il est considéré par les Tibétains comme le maître des maîtres, l'enseignement dans sa plus vive incandescence, le Bouddha gardien des trésors de vie.

L'ardeur de Chögyam Trungpa est à son comble. Or, les jours se succèdent et il ne se passe rien. L'attente devient de plus en plus dense. Chögyam Trungpa a beau se répéter qu'il est dans un des lieux les plus saints, il n'y voit qu'une chaîne de montagnes semblable à n'importe quelle autre chaîne de montagnes. Sa déception grandit. Il est censé vivre une expérience formidable et il s'ennuie. Au moment où il commence à désespérer, les choses changent tout d'un coup. La désolation de l'endroit s'intensifie. Bien qu'effrayante, cette expérience donne peu à peu naissance à une vivacité qui le surprend. Un éclair le traverse et il se met alors à écrire. Pendant cinq heures, sans s'arrêter un seul instant. Il retranscrit, sous la dictée, un long poème.

De ce texte se donne à voir une direction possible au cœur de notre chaos, au cœur de notre confusion et de la crise qui saisit notre monde. Chögyam Trungpa comprend que le vers qui ronge le fruit du monde des Temps nouveaux, du Tibet à l'Angleterre, est le *matérialisme spirituel* – effort acharné pour nous sécuriser et essayer d'atteindre une paix anesthésiée. Or la spiritualité authentique n'a pas pour fonction de nous sécuriser. L'épreuve que fit Rilke de la détresse due à la disparition d'un monde sacré, d'un monde où l'homme a une place, présente de nombreuses consonances avec la vision de Chögyam Trungpa. Rilke fait l'épreuve de la mort de Dieu, d'un Dieu horizon de tout visible, garant du réel et des comportements humains. Il voit l'impossibilité pour toute religion de nous permettre d'aimer dans la plénitude de notre être – plénitude qui ne peut, sans se nier elle-même, refuser la sexualité. La compréhension de l'invisible est obstruée par ce qui jusqu'alors prétendait nous éveiller à lui.

Au lieu de chercher une consolation à cette situation, Rilke décide de faire pleinement l'épreuve de notre douleur. Mais il ne renonce pas pour autant à une existence poétique, à vivre la poésie dans sa profondeur absolue. Pouvons-nous aujourd'hui encore vivre dans la dignité et la beauté ? Oui, répond Rilke, mais seulement si l'on ne se voile pas la face. C'est toute l'importance de son œuvre. Rilke a vécu des années une terrible épreuve – jusqu'à ce que, dans les *Élégies*, se dessine une vie possible à laquelle il n'avait pu jusqu'alors accéder.

S'ouvrir à la vie n'est possible qu'à celui qui la prend tout entière, à celui qui n'en rejette aucune part.

Trungpa fait le même constat. Son poème est rythmé des vers suivants : « J'ai beau vivre dans la boue et la vase de l'âge des ténèbres », « j'ai beau trébucher dans l'épais brouillard du matérialisme », qui décrivent, de manière poignante et lancinante, notre misère, ou, comme le dirait Rilke, notre incapacité à vivre dans l'Ouvert. Trungpa nous invite à faire cette épreuve car il sait que la distorsion du sacré et la haine de la poésie nous étreignent sans que nous soyons à même de les reconnaître. Nous n'y voyons même généralement que du feu. Mais celui qui traverse la dévastation peut, comme le dit le poème de Trungpa, « aspirer à voir son visage » – le visage fulgurant du réel. Chögyam Trungpa, à l'instar de Rilke, nous demande de nous confronter honnêtement à l'angoisse du monde – seule possibilité d'en sauver la splendeur.

* * *

L'existence de l'homme, à la différence des animaux, ne lui est jamais évidente. Un chat, par exemple, semble installé, avec une simplicité souvent émouvante pour nous qui l'observons, en son propre être. Il n'a aucun effort particulier à effectuer pour demeurer dans ce qu'il est. Il ne semble jamais hors de sa condition. Rilke a consacré des pages bouleversantes à l'animal – qui est, nous dit-il, pure contemporanéité, libre de l'angoisse de l'avenir, demeurant dans un pur présent qui ne nous est, à nous les hommes, presque jamais accessible. L'animal fait un avec le monde, sans l'inquiétude de devoir le quitter. Son être est sans bornes et son regard pur ne se porte que vers l'avant.

Au contraire, l'homme est souvent déchiré. Il est séparé de son innocence. C'est tout son drame, mais aussi, pour autant qu'il en fasse l'épreuve, sa chance ou tout au moins son possible. L'homme est souvent *in*humain, ou tout au moins en deçà de sa propre humanité. Autrement dit, nous ne vivons pas nativement dans une complète adéquation avec nous-mêmes. Nous ne sommes pas toujours justes par exemple. Nous faisons des choses que nous aurions tant aimé ne pas faire, nous tenons des propos qui nous échappent. Nous sommes parfois comme désaccordés. Nos aspirations et nos actes ne concordent pas.

Pour être au plus près de soi, il est indispensable d'être conscient de cette faille au cœur de notre être. Notre inquiétude n'est pas un problème dont nous devrions nous délivrer ; elle est une marque inhérente à notre humanité qui exige d'être explorée. Elle est la vérité de l'existence humaine.

Notre société développe un grand nombre de moyens pour nous faire oublier cette inquiétude fertile. Nous épuisons notre vie à la gagner pour ensuite nous divertir par des loisirs qui nous abrutissent. Nous nous dispersons au point de devenir peu à peu étrangers à nous-mêmes. Or cette fuite continue ne réussit jamais à nous soulager et conduit inéluctablement à l'échec.

La maladie, la mort d'un proche, une rupture sentimentale nous exposent à notre propre fragilité. Elles nous disent que notre humanité est une terre qu'il nous faut cultiver et aimer. La faille qu'elles suscitent en nous nous invite à redécouvrir la tendresse de notre propre cœur.

La littérature et le cinéma montrent souvent la grâce de ces moments, par exemple en traçant le portrait de personnages confrontés à l'aspiration profonde qui existait autrefois en eux et qu'ils ont oubliée. Un des films les plus célèbres sur ce thème est sans doute *Citizen Kane* d'Orson Welles. Le magnat de la presse Charles Foster Kane est l'un des hommes les plus riches du monde. Il se retrouve seul, agonisant dans son immense domaine. En mourant, il laisse tomber une boule de verre contenant une maisonnette enneigée et prononce un dernier mot : *Rosebud* (bouton de rose). Quel en est le sens ? À partir de ce mystère, l'existence tumultueuse de cet homme nous est racontée. Ce n'est qu'à la fin du film que nous saurons que ce mot désigne un souvenir lié au paradis perdu de son enfance. Tous les succès de Charles Foster Kane auront été autant d'étapes l'éloignant de plus en plus radicalement de l'innocence que pourtant, il cherchait à atteindre. Allons-nous, nous aussi, perdre la trace de notre cœur ? Allons-nous errer toujours plus loin de celui-ci ? Allons-nous nous détourner de cette aspiration qui, en nous, nous appelle, sans le besoin d'aucun effort, d'aucune doctrine, à soutenir la bonté et à la laisser s'épanouir ?

Nombre des voies de développement personnel, thérapeutiques et religieuses, qui cherchent à nous permettre de répondre à cette aspiration, en vérité nous en détournent. J'ai mis longtemps à l'accepter. Mais il m'a bien fallu reconnaître que toute approche qui tente d'apporter le confort et de minimiser l'inquiétude relève du « matérialisme spirituel ».

Même si quelques-unes de ces doctrines peuvent, en elles-mêmes, être des voies sérieuses, la manière dont elles sont présentées et vécues, invitées à produire des effets immédiats et calculables, les défigure. Elles ne sont plus que des marchandises que l'on peut essayer et comparer entre elles.

Il est de bon ton, à une époque où les possibilités de consommation nous occupent profondément, de condamner le matérialisme dans lequel nous vivons. Mais les critiques qu'on adresse à ce mode de vie se limitent en général à un appel pour un « supplément d'âme » sans conséquence. Soyons clair : si une quête spirituelle vise au confort, elle n'est qu'une autre forme de matérialisme. Cette découverte est un des coups de génie de Chögyam Trungpa : la catastrophe est que le matérialisme s'est désormais camouflé sous un masque idéologique ou spirituel. S'il affirmait sa véritable ambition, nous pourrions le rejeter sans aucune difficulté. Mais se présentant comme supérieur, il réussit à nous tromper.

Platon avait déjà, en son temps, expliqué que le souci de la vérité est souvent confondu avec celui du vraisemblable. Pour ce dernier, peu importe la vérité, il suffit d'être convaincant : montrer que cette lessive lave plus blanc ou que cet homme politique est meilleur. La difficulté, soulignait Platon, est que ces deux attitudes – celle des philosophes, qui vivent dans l'amitié où se libère la vérité, et celle des spécialistes en discours efficaces – sont bien malaisées à distinguer avec précision, tant extérieurement elles se ressemblent. Souvent même, le discours du vraisemblable semble préférable tant il possède un aspect de séduction indéniable. Il est généralement bien plus convaincant et c'est sa fonction.

Quand j'étais jeune étudiant, j'avais assisté à une manifestation organisée par SOS Racisme. Nous devions être un bon millier dans la salle. Un orateur voulut nous donner une leçon. Il nous parla et nous provoqua. Toute la salle le conspua, hurlant contre lui. Il reprit la parole et changea de discours. Il fut applaudi. Il s'arrêta alors et nous montra ce qu'il venait de faire. Il nous avait manipulés en faisant de nous ce qu'il avait voulu. La liberté, nous expliqua-t-il, se gagne difficilement. Il faut faire attention. Je n'ai jamais oublié cette leçon. Participant à de nombreuses conférences, j'ai appris à repérer les effets qui permettent de mettre la salle dans sa poche et qui n'ont rien à voir avec la sincérité ou la vérité.

Il faut faire un grand effort pour discerner le vrai du vraisemblable.

Le matérialisme spirituel ressemble extérieurement à la spiritualité. Il adopte son vocabulaire et ses usages, mais il en nie tous les principes. Les religions n'en sont presque jamais indemnes et, pour cette raison, nous trompent presque toujours. Elles trahissent l'aspiration qui a présidé à leur naissance – et qui a dû être de nous rendre plus libres. « Actuellement, écrit Chögyam Trungpa, l'intérêt pour la spiritualité surgit de plus en plus fortement et, en raison de la caractéristique même de ce siècle, le fleuve du matérialisme a débordé ses berges. Non seulement gadgets et machines se multiplient sans fin, mais un matérialisme spirituel envahit tout et, sous son pouvoir, les grandes traditions sont considérées à peu près comme de vulgaires bouteilles de lait sur la place du marché[1]. » Cette confusion terrible nous enferme dans un singulier cercle vicieux. D'un côté, le matérialisme considère que la spiritualité nous fait quitter la vie concrète pour des affabulations fondées sur la superstition et la peur. Lui seul, nous dit-il, serait à même d'affronter, avec sérieux, les défis que nous rencontrons.

De l'autre côté, les pseudo-voies spirituelles dénoncent l'esprit mercantile qui, selon elles, triomphe aujourd'hui. Elles seules, nous expliquent-elles, proposent de sortir du rationalisme cynique comme de la recherche effrénée du profit !

Mais, en vérité, ces deux attitudes sont toutes deux aussi mensongères – elles se nourrissent l'une de l'autre et rendent inaudible la possibilité d'un discours vrai. Le matérialisme où nous vivons est d'autant plus fondé à expliquer que toute spiritualité est illusoire que les exemples qu'il rencontre ne sont que fanatismes ou affabulations. De l'autre côté, la pseudo-spiritualité est d'autant plus fondée à justifier son approche vague qu'elle est confrontée à un matérialisme obtus et désincarné et de plus en plus froid.

L'abstraction mécanique de l'un est-elle préférable aux exagérations mièvres de l'autre ? Faut-il préférer l'ouverture frelatée du matérialisme spirituel ou la dureté agressive et aveugle de la recherche du seul profit ?

1. Chögyam Trungpa, « The Common Heart », centre Monchanin, Montréal, 4 décembre 1970, non publié.

À une sœur qui, pour la réconforter de sa maladie, lui déclarait qu'à sa mort elle verrait les anges resplendissants venir la chercher, la carmélite Thérèse de Lisieux répondit : « Toutes ces images ne me font aucun bien. Je ne puis me nourrir que de la vérité. C'est pour cela que je n'ai jamais désiré de visions. » Elle préférait demander à Dieu : « Faites que je voie les choses telles qu'elles sont, que rien ne me jette de la poudre aux yeux. » Voici le vrai chemin spirituel : consentir à la réalité.

Le ressort du matérialisme spirituel vise au contraire à nous enfermer exclusivement dans le jeu de l'espoir et de la peur. Nous devenons comme l'âne qui avance par l'action conjointe du bâton et de la carotte.

Il n'est pas possible d'éviter la souffrance. Se confronter à elle est la seule possibilité. Si un proche meurt, rester stoïque, ne montrer aucune émotion est-ce là un réel accomplissement qu'il nous faut viser ? Devons-nous devenir de marbre ? J'ai toujours préféré les poètes, à la sensibilité à fleur de peau, aux êtres sans cœur ! Ai-je tort ?

Marpa était un maître tibétain du XIIe siècle. Il fit à trois reprises le voyage en Inde, assimilant ainsi la quintessence de la tradition qu'il introduisit dans son pays natal. Il est considéré, de ce fait, comme l'une des plus grandes autorités spirituelles de l'histoire du Tibet. Un soir, son fils, refusant de suivre ses conseils de modération, décida de prendre son cheval après une soirée trop arrosée. L'irrémédiable se produisit et l'adolescent se tua dans un accident. Marpa en fut profondément bouleversé. L'un de ses disciples lui dit alors : « Vous nous disiez toujours que tout est une illusion. Qu'en est-il de la mort de votre fils, n'est-ce pas une illusion ? » Et Marpa répondit, dans une formule qui frappa tant Roland Barthes[1] : « Certes, mais la mort de mon fils est une *super-illusion.* »

Ne pas porter une armure qui nous protège de tout, mais garder vivante la tendresse de notre cœur est le signe de l'humanité en nous. Il existe une sagesse dans nos émotions qu'il est possible de reconnaître. Nous n'avons pas à nous délivrer de notre propre humanité, mais à apprendre à l'écouter. Laisser être n'est pas indifférence.

Nous avons là le critère infaillible qui nous permet de savoir si un chemin vise ou non au matérialisme spirituel. Prétend-il nous permettre d'éviter la douleur ? En ce cas, nous pouvons savoir que, tôt ou tard, le suivre engendrera davantage de confusion et nous obligera à des contorsions pour nier l'évidence. Soyons honnêtes. La spiritualité ne nous conduit pas à nier la réalité, mais à nous y relier vraiment.

En réponse à une lettre reçue en mai 1973, Chögyam Trungpa écrivait : « En ce qui concerne votre question sur mon style de vie, vous devez comprendre que je me considère comme une personne ordinaire. J'ai acheté une maison à crédit. J'ai une femme et trois enfants et je subviens à leur existence. En même temps, ma relation aux enseignements est inséparable de l'ensemble de mon être. Je n'essaie pas de m'élever au-dessus du monde. Ma vocation est de travailler avec le monde.

Vous m'avez demandé ce que sont les enseignements. Il y a l'idée fondamentale qui refuse de diviser

1. Roland Barthes, *La Chambre claire*, Paris, Cahiers du cinéma/ Gallimard/Seuil, 1980, quatrième de couverture.

les choses entre ceci et cela, sacré ou profane, bien ou mal. C'est pourquoi je parle de méditation en action. Il est beaucoup plus facile d'avoir l'air saint que d'être sain. Aussi s'agit-il de distinguer la spiritualité du matérialisme spirituel. Cela demande de la pratique et un certain courage. »

3

Marcher dans la présence nue et découvrir l'absence de lutte

> J'ai pris sans éclat le poignet de l'équinoxe.
> L'oracle ne me vassalise plus. J'entre : j'éprouve ou non la grâce.
>
> RENÉ CHAR [1]

Pratiquer, rien que cela

J'évoque dans ce livre Chögyam Trungpa, parce qu'il est de la trempe de ces héros qui viennent porter le feu aux hommes. Sa vie est une légende. Il ressemble à ces princes des contes de fées qui, dépouillés de tout, soumis à de nombreuses épreuves, finissent par reconquérir leur royaume.

Chögyam Trungpa a vu l'or de la sagesse pénétrante et l'argent de la douceur la plus tendre détruits par les Seigneurs du nihilisme et leur armée. Il s'est interrogé et a constaté que nous cherchions à anéantir la terre, que nous étions animés par une rage féroce contre les montagnes, les lacs, les arbres et les bêtes. Il a été le témoin

1. René Char, *Seuls demeurent*, in *Œuvres complètes, op. cit.*, p. 133.

du triomphe de la peur – peur de la mort, peur de soi-même et peur d'autrui – et il a constaté ce que Rilke, dans un des *Sonnets à Orphée* (I, 19), souligne comme la marque de notre temps :

> Les souffrances ne sont pas reconnues,
> L'amour n'est pas appris
> Et ce qui dans la mort nous éloigne
> N'est pas dévoilé.

Chögyam Trungpa, comme les poètes, a cherché à établir un monde dédié à la splendeur. Un royaume où chaque être humain pourrait être invité à manifester sa dignité, dans la brillance de la confiance qui existe d'elle-même. Et en sa présence il était possible de goûter à la présence du royaume.

Mais, en un sens, l'homme Chögyam Trungpa compte bien moins que le geste qu'il montre et tout d'abord : pratiquer la méditation. Ou, pour le dire autrement, son existence est d'abord celle de la transmission d'une pratique. C'est elle qui aujourd'hui peut ramener le feu aux hommes. C'est par là que le royaume s'ouvre à nous. C'est par là que nous pouvons cesser de rêver à des chimères.

Personnellement, la pratique de la méditation assise est la première raison qui m'a fait marcher dans les pas du Bouddha, là où j'ai vu s'ouvrir pour la première fois une voie. Pendant des années, de Chögyam Trungpa je n'avais que faire. Du bouddhisme, je ne pensais rien. Et lorsque aujourd'hui encore on me demande en quel sens je suis bouddhiste, je réponds que la pratique de la méditation ouvre le chemin qui me permet de me relier à tous les aspects de ma vie.

S'asseoir sur un coussin le dos droit, et cesser toute lutte, cette lutte dont nous ne nous rendons plus compte tant elle nous étreint jour après jour, est le chemin. Pas de médiation. Pas de discours. Pas de croyances. Pas d'acte de foi. Là et là seulement, dans cette évidence, réside le Bouddha.

Une discipline précise et rigoureuse

Francisco Varela était un remarquable chercheur en science cognitive qui a œuvré à rapprocher la science et le bouddhisme. Il était aussi un ami du Dalaï-Lama, avec lequel il organisa des rencontres entre bouddhistes et scientifiques. Mais pour moi qui, longtemps, n'ai rien su de son travail, il était d'abord un pratiquant expérimenté, un guide. C'est lui qui m'a appris à méditer. Mes questions naïves et impatientes, mon souci de toujours mieux comprendre ne manquaient pas de le faire éclater de rire. Il m'éduqua avec autant d'exigence que de patience, m'invitant à toujours revenir à la simplicité de la pratique.

Quand j'ai écrit mon premier livre sur Chögyam Trungpa, nous avons eu une longue conversation sur celui qui fut son maître et dont il avait été si proche. Ce fut notre dernière rencontre – Francisco est mort peu après. À ma grande surprise, il insista tout l'après-midi sur le fait que Chögyam Trungpa n'était pas d'abord un être flamboyant et provocateur, participant aux mouvements contestataires des années soixante-dix aux États-Unis, ni même un enseignant audacieux en rapport à la poésie et la philosophie. Il était avant tout celui qui avait transmis à l'Occident la pratique de la méditation dans sa rigueur la plus nécessaire. Ayant visité de nombreux centres bouddhistes à travers le monde, Francisco me confia que bien rares étaient les Occidentaux qui avaient une compréhension réelle et fine de la pratique de la méditation assise. Elle était pour cela trop rarement présentée avec la précision nécessaire. Francisco pensait indispensable que la pratique de la méditation fût transmise avec la même rigueur que celle qu'il employait dans son propre travail. Rien ne l'irritait plus que le flou qui l'entoure et le bavardage sur la spiritualité. Pratiquer la méditation est difficile et demande un entraînement rigoureux et subtil. Il avait trouvé en Chögyam Trungpa quelqu'un à même de répondre à ses attentes.

La pratique de la méditation, ne cessait-il de m'expliquer, consiste à prendre un microscope et à regarder son propre esprit. Elle n'a rien de religieux ou de mystique au sens habituel qu'ont ces termes. Elle consiste simplement à développer la plus vive curiosité pour notre manière d'être, de penser et de nous comporter. Elle est la discipline qui nous permet de comprendre ce que nous sommes. Et pour cette raison, elle pourrait être une chance pour l'Occident. Grâce à elle, nous pourrions retrouver la possibilité d'un rapport plus simple et plus vivant à notre esprit, à nos émotions, à nos perceptions et, par là, avec le monde. Pour Francisco Varela, « la redécouverte de la tradition bouddhique est une seconde renaissance dans l'histoire culturelle de l'Occident, son impact sera aussi important que celui de la redécouverte de la pensée grecque lors de la Renaissance européenne[1] ». Nous étouffons en effet d'un excès d'intellectualisme, de tout regarder au travers du filtre de concepts et d'idées générales qui nous coupent de notre propre être. Nous sommes trop loin de notre propre expérience.

Ses remarques m'ont beaucoup frappé. Plus important que de présenter des rituels compliqués, des nouvelles interprétations de l'existence, un kit de pensée bouddhiste, il est, en effet, très vite apparu à Chögyam Trungpa que l'Occident avait besoin de retrouver un contact direct avec la terre, avec son propre cœur, avec sa vie. Certes le Bouddha a beaucoup enseigné, certes il existe des milliers de livres sur son enseignement. Mais le chemin le plus direct et le plus radical pour le comprendre est de faire comme lui : s'asseoir pour simplement considérer ce qui est.

Abandonner l'idée absurde de « faire le vide »

La principale erreur qui entrave la présentation actuelle de la méditation est de croire qu'elle vise à faire le vide dans son esprit. Cette idée répandue, et souvent propagée, est tout à fait erronée. À cause d'elle, on a fait du bouddhisme une forme d'impassibilité, un repli sur soi ou une manière de se fermer au monde[2].

1. Francisco Varela, *L'Inscription corporelle de l'esprit*, Paris, Éd. du Seuil, 1993, p. 51.

2. Cf. les remarques de Marcel Conche, *Nietzsche et le Bouddhisme*, La Versanne, Encre marine, 2007, qui rassemblent à peu près tous les contresens possibles.

Pour voir l'absurdité d'une telle thèse, il suffit de regarder n'importe quel maître de cette tradition. Le Dalaï-Lama, par exemple, est animé d'une joie et d'un souci du monde qui éclatent à chaque instant. S'asseoir sur un coussin ouvre notre cœur et notre esprit, nous rend plus vifs et plus alertes.

Lorsqu'on commence à pratiquer, on est cependant surpris de constater que l'on ne peut pas du tout y arriver ! Notre esprit vagabonde sans cesse. Nous pensions être à l'aise, avoir un certain contrôle de nous-mêmes, mais nous sommes vite forcés de constater qu'il n'en est rien ! Notre attention s'émousse en quelques minutes. C'est assez frustrant.

Ce n'est cependant pas un problème. N'en soyons pas découragés. En faire l'épreuve, voilà le sens même de la méditation. Ne nous engageons pas dans une gymnastique visant à nous permettre de dominer notre esprit, mais, tout au contraire, abandonnons le souci de tout contrôler qui nous opprime. Telle est la libération ! La méditation ne vise nullement à vider l'esprit, mais à l'apprivoiser, à lui dire simplement bonjour, à le saluer tel qu'il est, à le découvrir. À ne plus lutter contre lui.

En revenant au présent, moment après moment, nous cessons d'avoir un objectif. Et c'est ce qui nous soulage. Cette discipline vise à nous permettre de nous abandonner et de découvrir des ressources de vie inattendues : « Par la méditation, nous entendons ici quelque chose de fondamental et de très simple, qui n'est pas relié à une culture quelconque. Nous parlons d'un acte vraiment primordial : s'asseoir par terre, prendre une posture correcte et cultiver le sentiment d'avoir son propre espace, sa place sur cette terre[1]. »

À la découverte des ressources de l'attention

Un des enjeux et des effets de la pratique est de développer notre sens de l'attention. Cette discipline n'est pas un acte religieux, mais le geste le plus ordinaire possible. Elle ne demande aucun don particulier. Elle n'est pas réservée à une élite. Elle consiste simplement à nous mettre à l'écoute de la vie : « Vous êtes ici ; vous êtes en vie ; laissons cette situation être telle qu'elle est – c'est ça l'attention. Votre cœur palpite et vous respirez. Toutes sortes de choses se produisent en vous en même temps. Laissez l'attention s'en charger, laissez cela être attention, laissez chaque battement de votre cœur, chaque expiration être l'attention elle-même[2]. »

En regardant avec une bienveillante neutralité nos sensations, nos émotions et nos pensées, nous changeons notre rapport à elles. Nous faisons plus attention et, par exemple, nous n'écoutons plus de la même manière. Nous sommes plus à même de laisser résonner une parole, étant moins fixés sur ce que nous pourrions en tirer, sur les informations qu'elle contient. Une véritable rencontre est alors possible. C'est elle qui fait partout défaut. On entend des gens parler toute la journée. La radio ou la télévision sont partout allumées. Mais quand rencontrons-nous quelqu'un pour de bon ?

1. Chögyam Trungpa, *Shambhala, la voie sacrée du guerrier*, Paris, Éd. du Seuil, 1990, p. 38.
2. Id., *Le Cœur du sujet*, Paris, Éd. du Seuil, 1993, p. 61.

Lorsque je donne des séminaires, une grande part de la journée est consacrée à la pratique. Quelquefois j'enseigne avec un philosophe. Il ne manque jamais de me dire sa surprise de constater la qualité d'écoute des étudiants présents qui pourtant, à de rares exceptions, n'ont jamais étudié la philosophie. Plus importantes que les connaissances sont l'ouverture d'esprit et la qualité de notre attention. Être présent change tout.

Quand j'ai commencé à pratiquer, j'ai été très étonné de constater que boire un verre d'eau, parler avec quelqu'un, écouter un morceau de musique en faisant attention à ce qui se passait changeait vraiment notre rapport à ces expériences. Au lieu de répondre en pilotage automatique, nous pouvons *nous relier* à ce qui est. Si par exemple je suis attentif en prenant mon repas, au lieu d'écouter la radio en même temps, je peux mieux l'apprécier et découvrir l'ampleur de mes perceptions et sensations. Le sacré et la poésie s'y abritent.

Découvrir le grand cadeau de la présence

L'attention nous met au centre de nous-mêmes. Elle nous réaccorde. Or, à force d'avoir des choses à faire, qui se succèdent sans interruption, on se perd. Nous disons manquer de temps. Nous courons en effet. Mais ce que nous voulons dire alors, c'est que l'espace du dehors et celui du dedans sont en conflit. Le poète Rainer Maria Rilke a, de toute son âme, cherché à éviter cet oubli de soi. Il s'est engagé à « faire du lieu intérieur le lieu imperturbablement décisif ». La méditation est un des chemins possibles pour aider les hommes à retrouver ce lieu. En un sens, rien de plus simple : entrer en rapport avec ce que nous sommes. Habiter le foyer de notre vie. Sans être à l'écoute de cet espace intérieur, nous ne sommes plus à même d'être en rapport à quoi que ce soit. Un être qui nous émeut, un chat qui se faufile sur nos genoux, l'eau qui jaillit d'une fontaine – comment leur donner la possibilité de nous toucher, comment leur correspondre sans préserver l'espace où ils peuvent résonner en nous ?

Cultiver l'attention, c'est découvrir l'immensité de la présence, son mouvement toujours nouveau et ouvert.

La méditation nous apprend à prendre un moment pour faire l'épreuve de ce que nous ressentons. Elle nous permet ainsi de découvrir une dimension de présence plus vaste que tout ce que nous pouvons créer ou vouloir. Reconnaître cette dimension ouverte, nous en avons tous fait l'expérience, mais nous l'avons oublié. Parfois en marchant dans la nature, nous avons laissé tomber ce bavardage intérieur qui commente tout ce que nous faisons, et nous avons simplement été présents au paysage. Parfois, en écoutant un concert, nous nous sommes oubliés et nous étions un avec la musique. Sans plus aucune distance.

Nous avons tous fait des expériences de présence.

Mais, en général, nous n'y avons pas accordé d'importance et l'on nous a fait croire que ces moments n'avaient plus leur place dans le monde adulte. Ces expériences constituent le cœur de la transmission spirituelle comme l'a comprise le Bouddha. La méditation nous invite à retrouver l'ouvert dans chaque situation et non seulement dans quelques moments privilégiés. L'ouverture peut être poignante comme légère, douloureuse comme heureuse, mais elle est toujours une plongée dans la réalité. Une plongée qui a souvent le goût du ciel, d'un espace immense où l'on peut se laisser être sans inquiétude, un espace vivant, un chant d'amour.

Le grand secret de la méditation : « ne rien faire »

J'ai mis sept ans à me décider à pratiquer. J'achetais des livres que je ne lisais pas. Je pressentais que la méditation n'était pas une simple gymnastique et qu'elle risquait de me bousculer profondément.

Quand j'ai fini par m'asseoir, j'ai constaté que c'était infiniment plus simple que je ne l'avais envisagé. On ne me demandait aucun renoncement, je ne devais suivre aucune règle de comportement, mais simplement consacrer un temps à être sans projet.

Pratiquer la méditation guérit de nombreuses affections, disent certains chercheurs. C'est possible. Elle nous aide aussi à changer, à entrer en rapport avec notre vrai désir. Mais l'important est encore plus étonnant. Son plus grand atout, c'est de nous inviter à ne rien rechercher. Lorsque j'ai décidé de méditer, j'avais de nombreuses attentes, et tout particulièrement de me délivrer de certains aspects que je trouvais en moi insupportables. Au fil des années, j'ai constaté que je changeais d'une tout autre manière que celle à laquelle je pouvais m'attendre. En fait, ma motivation première était pleine d'agressivité. Tout effort conscient visant un résultat, même celui d'atteindre la paix, la félicité ou l'amour, est un égarement. Comme l'explique Chögyam Trungpa : « La méditation ne consiste pas à essayer d'atteindre l'extase, la félicité spirituelle ou la tranquillité, ni à tenter de s'améliorer. Elle consiste simplement à créer un espace où il est possible de déployer et de défaire nos jeux névrotiques, nos auto-illusions, nos peurs et nos espoirs cachés. Nous produisons cet espace par le simple recours à la discipline consistant à ne rien faire[1]. »

C'est ainsi que la méditation peut nous transformer en profondeur. Mais c'est un travail réel, long, et qui demande d'être engagé avec une personne d'expérience.

Au cours des années, Chögyam Trungpa a pu varier les instructions en fonction de son public et des situations, mais la perspective qu'il a présentée n'a jamais changé : de manière toujours nouvelle, pointer l'ouverture propre à toute expérience. Sa singularité dans le monde bouddhiste, la raison principale de mon enthousiasme pour son œuvre, vient de cet engagement qui ne s'est jamais démenti et qui préserve du moralisme qui triomphe aujourd'hui. Chögyam Trungpa s'est refusé à nous promettre de petites consolations. Bien sûr, la pratique peut nous aider à aller mieux, nous rendre plus perspicaces, mais elle est d'abord la provocation radicale de l'immensité. La première chose que nombre d'enseignants, de centres et d'organisations bouddhistes renoncent à présenter est cette radicalité, cette simplicité déconcertante. Ils n'osent pas souligner l'abandon entier que la méditation requiert de nous. Elle devient un outil de plus dans le narcissisme consumériste qui domine notre temps.

1. Id., *Le Mythe de la liberté*, Paris, Éd. du Seuil, 1979, p. 16.

Dans les premières années de son éducation au Tibet, quand il était encore un enfant, cette épreuve, Chögyam Trungpa commença à la faire. On lui présenta alors un nombre considérable de méthodes et de textes, mais la méditation restait un effort sans grandeur, ne pouvant pas enflammer le cœur. Il ne connaissait pas son secret. Tout changea quand ses tuteurs décidèrent qu'il était temps pour lui de rencontrer Jamgön Kongtrül. Après un voyage de plusieurs jours et quelques semaines sur place, Jamgön Kongtrül l'invite à venir passer un moment, seul avec lui.

Quand le jeune Trungpa entre dans la chambre, les premiers rayons du soleil tombent sur lui. Quelle belle coïncidence ! Jamgön Kongtrül lui présente alors un enseignement fleuri de citations des sutras du Bouddha et des principaux enseignants du passé, qui déconcerte un peu l'enfant. Puis, après cette austère entrée en matière, il lui demande de se redresser. Là, il lui montre l'espace premier qui est au-delà de toutes les élaborations. La transmission spirituelle, dont on fait un mythe fantaisiste, est d'une simplicité confondante. Il s'agit simplement d'un moment où un pratiquant expérimenté, familier de l'ouverture, vous la montre. Au lieu de vous présenter de nouveaux concepts à apprendre, des conseils de morale à suivre, il vous pose dans l'espace du présent. C'est poignant et chaleureux.

La journée de Chögyam Trungpa tout entière est teintée de cette expérience. Les genévriers qui entourent le monastère, la chaux sur les murs, les nuages dans le ciel – tout lui semble vivant et brillant comme jamais cela ne lui est apparu. Le signe indiscutable que l'on entre dans la pratique est qu'elle nous fait retrouver des sensations et des émotions particulièrement claires. Toutes choses semblent comme sacrées.

Connaître une doctrine ou des règles de comportement ne peut qu'égarer si cet état de présence nue n'est pas d'abord éprouvé. Aucune instruction ne peut suffire à faire ce saut. Mais le rapport entre deux êtres qui s'aiment, et d'abord parce qu'ils partagent le même consentement à l'ouvert, est déterminant. Le sens profond de la pratique ne peut pas s'apprendre dans un livre ; il se déploie dans cette rencontre.

4

Deviens qui tu es

Un héroïsme pour notre temps est-il possible ?

> Composer. (Pas d'idées
> que dans les choses.) Inventer !
> La saxifrage est ma fleur qui fend
> les rochers.
>
> WILLIAM CARLOS WILLIAM[1]

Le sous-titre d'un des livres les plus fascinants de Nietzsche, *Ecce homo*, est « Deviens ce que tu es ». L'enseignement dont les hommes ont aujourd'hui besoin, explique Nietzsche, ne doit pas proposer de grandes théories, de nouvelles croyances ou un confort médiocre et conformiste, mais un héroïsme qui s'ancre dans la terre de notre vie, un héroïsme concret : « L'homme *devenu libre*, combien plus encore *l'esprit* devenu libre, écrit Nietzsche non sans un humour mordant, foule aux pieds cette sorte méprisable de bien-être dont rêvent les épiciers, les chrétiens, les vaches, les femmes, les Anglais et autres démocrates. L'homme libre est guerrier[2]. »

1. Cité *in* Hélène Aji, *William Carlos William*, Paris, Belin, 2004, p. 84.
2. Friedrich Nietzsche, *Le Crépuscule des idoles*, in *Œuvres*, t. II, trad. Henri Albert, Paris, Robert Laffont, 1993, p. 1013.

Pourquoi l'image du guerrier s'impose-t-elle lorsqu'on considère, avec sérieux, le « métier de vivre » ?

Parce que, nous dit Nietzsche, le guerrier est celui qui est prêt à risquer son existence et que telle est la plus évidente manière d'être véritablement soi. Car ce qui nous menace aujourd'hui, c'est le culte du bien-être et du confort aseptisé, qui nous conduit à ne plus rien oser. L'artiste est, pour Nietzsche, le plus significatif exemple de guerrier. Le musicien qui entre sur scène risque, chaque fois, tout.

Dans les romans de la Table ronde, le héros qui réussit la quête (quelle qu'elle soit) est souvent le candide qui met tout en jeu et gagne précisément parce qu'il n'a rien ménagé. Tel est Perceval, qui ignore les calculs et, sans supputer les chances de son entreprise, est prêt à tout risquer. Le véritable héros est non pas l'être d'exception particulièrement doué, ni celui qui a un plan de carrière parfaitement déterminé, mais l'homme simple qui, faisant confiance à son cœur et acceptant la possibilité de se tromper, dit oui à l'aventure.

Au milieu des années soixante-dix, Chögyam Trungpa se rend compte qu'il va droit dans le mur. Malgré le succès qu'il rencontre, il pressent que, si ses propos restent perçus comme ceux d'un religieux de plus, un maître bouddhiste parmi d'autres, ils ne seront pas entendus comme il faut. C'est l'immense risque de toute son œuvre. Elle ne s'appuie sur la tradition bouddhiste que pour nous réveiller et, à l'instant où elle est réduite à un corpus doctrinaire, elle devient un fruit en conserve.

Trungpa avait déjà, au cours de la crise vécue à Oxford, compris le risque de tout enfermement identitaire. Le simple fait de porter une robe de moine tibétain avait suffi à créer attentes et fascinations et à rendre inaudible l'invitation à la liberté qu'il voulait présenter. Aux États-Unis, il comprend qu'il lui reste encore un pas à faire. L'aventure n'est pas achevée. S'il veut être fidèle à l'inspiration qui le guide pour délivrer les hommes du « conformisme[1] » il lui faut, une fois de plus, tout remettre en question.

Dès que l'on parle de bouddhisme, les gens attendent des consignes de comportement, des conseils pour se détendre, des réponses claires qui soulagent leurs questionnements. C'est une catastrophe. Ce qui importe est de tout risquer et nullement de s'enfermer dans un cocon tissé d'assurances et de certitudes.

Mais comment montrer un tel chemin ?

En 1977, Chögyam Trungpa quitte l'organisation qu'il a fondée après l'avoir confiée à son régent, et il part pendant un an en retraite. Là, il décide d'affronter un des dilemmes typiques les plus significatifs de notre temps : comment abandonner les carcans religieux sans pour autant tuer l'appel de la grandeur, l'aspiration à dépasser les exigences égoïstes et ternes de la vie quotidienne ? C'est parce qu'il est animé d'un tel feu que je peux mettre son œuvre en parallèle avec celles de Nietzsche et de Rilke, qui tous deux, l'un à partir de la philosophie, l'autre de la poésie, tentent de trouver un chemin d'excellence qui ne soit pas religieux et suscite pourtant l'enthousiasme et ouvre une discipline réelle. Il existe dans toutes les cultures une voie héroïque présentant une discipline magnifique qui n'est pas religieuse :

1. Chögyam Trungpa, *Le Cœur du sujet*, *op. cit.*, p. 26.

« Les Indiens d'Amérique du Nord possédaient une telle tradition, et elle a aussi existé dans les sociétés indigènes d'Amérique du Sud. L'idéal japonais du samouraï représentait également une tradition guerrière de sagesse, et les sociétés chrétiennes d'Occident ont elles aussi connu les principes de l'art du guerrier éclairé[1]. » Nombre des grandes civilisations ont développé un tel idéal de dignité, de confiance et d'absence de peur. Si nous cherchons une spiritualité laïque – c'est de ce côté qu'il faut regarder.

Chögyam Trungpa décide d'enseigner cette voie. Ses étudiants pourront choisir d'étudier ou non le bouddhisme, mais ce n'est plus l'essentiel de son enseignement. Le plus urgent, le plus nécessaire n'est pas là. L'important est d'aider chacun à retrouver le chemin de la confiance et de l'ardeur.

Cet enseignement m'a tout de suite parlé. C'est à lui que j'ai été d'abord exposé. J'ai mis quelques années avant de pouvoir lire des livres sur le bouddhisme. Chaque fois que j'en prenais un, j'avais l'impression de me retrouver devant une doctrine de plus, une nouvelle philosophie morale.

Mais là, Chögyam Trungpa ne parle plus de *prajna* et *jnana*, de *skandha* et de *karma*, de *madhyamika* et de *yogacara*, de *samsara* ou de *nirvana*. Il trouve un nouveau langage et évoque la vaillance, le cœur authentique de la tristesse, comment surmonter la dépression matinale, cultiver la décence et la dignité, reconnaître le souffle primordial de la bonté. Sa langue respire et sa simplicité touche.

1. Id., *Shambhala*, *op. cit.*, p. 66.

Cependant, parce que j'étais jeune et peu formé, quand je me suis engagé dans ce chemin, au fur et à mesure des années un doute a surgi : cet idéal du guerrier est-il une invention de Chögyam Trungpa, comme la plupart de ses étudiants le présentaient, ou a-t-il existé pour de bon ?

J'étais d'autant plus intrigué que Trungpa précise que sa vision « se fonde sur la prémisse qu'il existe réellement une sagesse humaine fondamentale qui peut nous aider à résoudre les problèmes du monde. Cette sagesse n'est pas l'apanage d'une culture ou d'une religion, pas plus qu'elle n'est l'exclusivité de l'Occident ou de l'Orient. Il s'agit plutôt d'une tradition humaine de l'art du guerrier, qui a existé dans de nombreuses cultures et à bien des périodes de l'histoire. [...] Le roi Arthur est un exemple légendaire de guerrier dans la tradition occidentale[1]. » Pendant longtemps, je n'avais pas fait attention à ces remarques. Mais, un jour, elles m'ont intrigué et tout particulièrement cette allusion au roi Arthur. J'ai décidé alors de me plonger dans les textes du Moyen Âge occidental et d'aller y regarder par moi-même.

Le Moyen Âge n'est-il pas une époque de barbarie ? La chevalerie n'est-elle pas un chemin de violence dont il serait temps de nous délivrer ? N'est-elle pas une institution fondamentalement inégalitaire et sexiste ?

Je fus bien étonné de constater qu'il n'en était rien, que j'étais victime d'une idéologie qui avait méprisé ces mille ans d'histoire et m'avait fait croire que le Moyen Âge était cette époque où les seigneurs féodaux

1. *Ibid.*

se faisaient tout le temps la guerre, dévastant les champs de paysans plongés dans un état d'esclavage – comme on me l'avait appris à l'école.

Chögyam Trungpa n'avait rien inventé, son regard acéré savait discerner la splendeur là où mes professeurs ne la voyaient plus. Je sais qu'un tel propos peut sembler anachronique, mais c'est un maître de méditation bouddhiste tibétain qui m'a permis de comprendre la grandeur de notre Moyen Âge.

J'ai d'abord lu les historiens et découvert que l'esclavage avait disparu au tout début du haut Moyen Âge pour réapparaître seulement à partir de la Renaissance avec la traite des Noirs, que la féodalité est une époque de bien plus grande liberté que sous la royauté absolue de Louis XIV, que cette époque vit l'apparition et le développement de l'épopée française et la création du roman, qu'y fut inventé l'amour courtois, qui provient d'un regard nouveau posé sur la femme, à qui l'on s'adresse désormais avec une ferveur pleine de respect.

Mais le plus étonnant, pour moi, fut de lire Chrétien de Troyes, dont je dois bien reconnaître que je n'avais jamais entendu parler. J'ai découvert *Érec et Énide*, *Lancelot, le chevalier à la charrette*, *Yvain, le chevalier au lion*, *Perceval ou le conte du Graal*, autant de romans grâce auxquels j'ai vécu des heures de lecture jubilatoire. J'avais cru le Moyen Âge barbare et sombre. Je le découvrais d'une élégance lumineuse. Quel souci de l'accomplissement humain ! Quelle mélodieuse manière de penser les rapports entre hommes et femmes ! Quelle détermination à toujours célébrer l'amour, la sexualité, la confiance et la beauté d'un monde encore vivant !

Le Chevalier au lion raconte l'aventure d'Yvain qui, se portant au secours d'un compagnon désarmé, découvre en chemin une fontaine, abritée par un pin. Il suffit de verser un peu d'eau sur son perron pour voir se déchaîner une formidable tempête et le chevalier gardien des lieux arrive aussitôt – qu'il faut alors affronter en un combat singulier. La victoire sur le chevalier permet d'obtenir la main de la fée qui règne sur la contrée. Yvain réussit là où tant d'autres ont échoué et épouse la fée, dont il s'est épris.

Mais, trouvant la vie conjugale monotone, il demande à son épouse la permission de partir pendant un an à l'aventure. Au terme convenu, Yvain oublie son rendez-vous et sa dame, furieuse d'être ainsi oubliée, ne veut plus de lui. Yvain, de désespoir, sombre dans la folie. Il mène alors l'existence d'une bête sauvage dans la forêt, ne bénéficiant que de l'aide d'un ermite qui veille sur lui. Rencontrant un lion aux prises avec un serpent menaçant de l'étouffer, sans hésiter Yvain tue le serpent. Le lion, reconnaissant, se met désormais à son service. Avec son aide, il se reprend et réalise de superbes exploits, prenant des risques importants pour protéger et sauver les faibles et les opprimés qui ont besoin de lui. Il prend ainsi mieux conscience de ses devoirs, de l'importance de se dépasser dans l'écoute des situations. Il finit par reconquérir son épouse, et réconciliés ils vivront désormais dans la paix d'un bonheur conjugal ouvert au risque et à l'aventure.

Ce roman est aussi pour Chrétien de Troyes la possibilité de résoudre le conflit entre vie de couple et désir de grandeur et montre comment conjuguer la passion amoureuse et celle de la prouesse. L'amour seul anoblit l'homme, mais en tant qu'il lui permet de rester ouvert sur la *queste* à la recherche de la parole perdue. Chrétien de Troyes pressent que l'amour n'est en rien un jeu de pulsions mais un élan qui permet à l'homme de se dépasser. Pour cette raison, l'excellence à laquelle il nous invite se moque de notre étroite morale.

Si vous ne connaissez pas du tout cette littérature, vous devez être surpris. La chevalerie qui y est dépeinte met bien moins l'accent sur les faits d'armes que sur la pureté des sentiments. Le chevalier que nous montre Chrétien de Troyes ne tue pas, n'est pas assoiffé de sang comme les héros de nos films d'action, mais il est d'abord l'homme courtois qui travaille ardemment à dépasser ses peurs et les conventions qui restreignent son ardeur et il ne devient lui-même que par l'aide de la femme médiatrice des puissances incontrôlables, gardienne de la souveraineté. C'est elle seule qui peut l'ennoblir.

Cet idéal chevaleresque n'est pas réservé à une quelconque aristocratie. Contrairement à une erreur récurrente, il n'était point besoin, tout au long du Moyen Âge, d'être de condition noble pour être fait chevalier. On le devenait par son mérite, qui était sanctionné par une initiation particulière, le rituel de l'adoubement. C'est seulement à partir du XIVe siècle que la noblesse s'appropria la chevalerie, non sans en dévoyer le sens.

L'idéal que nous décrit Chrétien de Troyes n'est pas religieux. Pour le comprendre, il faut distinguer trois conceptions de la chevalerie. La première est celle de la *Chanson de Roland* qui, au XIe siècle, est d'un héroïsme austère. Animé par la foi, le héros y est d'une violence féroce justifiée par le combat qu'il mène au nom du bien contre le mal – combat qui ne nous inspire plus, même s'il régit encore bien trop souvent notre époque.

La seconde, celle qui, à mon sens, est riche des plus magnifiques enseignements, est présentée dans l'œuvre de Chrétien de Troyes. Elle joint ensemble l'héritage homérique, le sens du merveilleux celte et le goût de l'amour des troubadours.

La dernière, qui lui fait suite, au XIIIe siècle, est une christianisation de cet idéal, qui insiste sur la chasteté et condamne la liberté des chevaliers, qu'elle ne comprend plus. La cour du roi Arthur devient le symbole d'un monde profane incapable de s'élever vers les réalités mystiques. Alors que Lancelot, dans l'ouvrage de Chrétien de Troyes, passe une nuit d'amour avec la reine Guenièvre en récompense de sa bravoure, au siècle suivant cet acte adultère signe sa culpabilité. Quel changement radical de perspective !

Le guerrier authentique n'est animé d'aucun sentiment de violence. Il surmonte l'agression et tel est son courage ! Il apprend à devenir ce qu'il est – ce qui lui demande le courage d'oser regarder son propre cœur sans chercher à plaire à quiconque. Ainsi, il ne sépare plus vie quotidienne et vie spirituelle, le profane et le sacré, engagements familiaux et professionnels. Les vertus qu'il cultive – sens de l'honneur dans tous les actes de la vie, courage dans les épreuves, bienveillance pour tous – constituent une discipline concrète que chacun de nous peut appliquer, quelles que soient par ailleurs ses convictions et opinions personnelles.

La figure du héros est centrale dans toute l'œuvre de Rilke. Le héros est cet être qui, selon lui, réussit à toujours être à l'avant de lui-même, à ne pas s'abandonner à la simple durée, à ne pas s'installer dans le confort, mais à se préparer toujours à un nouvel envol, à bondir toujours plus haut, à ne pas restreindre son être.

> Peu lui importe de durer. Son ascension est existence,
> sans cesse il s'arrache à lui-même pour entrer
> dans la constellation transformée de son incessant péril
> (VIe Élégie).

Le drame de l'homme des Temps nouveaux est d'entasser de vaines actions qui lui font éviter tout danger. Il est trop souvent déterminé par des mobiles divers – paresse, profit ou crainte –, qu'il se dissimule par la routine ou la falsification. Le héros, au contraire, s'engage dans les hautes obligations de l'existence. Pour ce faire, il est prêt à vivre une suite de métamorphoses. Il révèle ainsi que le sens le plus profond de l'existence implique de ne jamais se fixer sur rien. D'être toujours prêt à tout recommencer à neuf. Notre humanité peut ainsi s'accomplir, mais – comme le précise Rilke – « *Pas dans le sens chrétien* (dont je m'éloigne toujours plus passionnément) : il s'agit, avec une conscience purement terrestre, profondément terrestre, radieusement terrestre, d'intégrer tout ce que l'on touche, tout ce que l'on regarde *ici* dans cet horizon plus vaste, le plus vaste.

Non pas dans un Au-delà dont l'ombre enténèbre la terre, mais dans un Tout, *dans le Tout.* »

Nous sommes tous appelés à être des héros de l'ici assumé. La bravoure dont nous avons besoin n'implique nullement que nous soyons insensibles à la peur, elle naît tout au contraire lorsque nous la reconnaissons et nous ouvrons à elle. Je sais bien qu'une telle affirmation a l'air folle, mais c'est pourtant l'essentiel. Le héros n'est pas celui qui ne connaît pas la peur, mais celui qui, malgré elle, se risque et s'engage.

La peur n'est pas cette frayeur qui surgit de manière inattendue, comme lorsqu'un chien féroce s'avance vers nous, mais elle est cette anxiété, cette nervosité dont nous sommes rarement conscients. Un simple moment de silence peut suffire à susciter en nous ce sentiment. Ainsi lorsque, à table, la conversation s'arrête et que personne ne dit plus un mot, nous nous sentons inquiets, prêts à dire n'importe quoi plutôt que de rester simplement dans cette situation telle qu'elle est, dans l'incertitude, dans l'absence de point de repère. Or le plus stupéfiant, c'est que, de cette peur, nous n'avons généralement pas conscience. Nous développons alors un grand nombre de stratégies qui visent à nous faire croire que tout va bien, et nous nous coupons ainsi de l'intelligence réelle de la situation.

Aussi, le premier pas de l'art du guerrier est d'en faire l'expérience. Ne fuyons pas la peur – car telle est la lâcheté qui nous fait renoncer à tout, même à ce qui nous importe au plus haut point. Nous perdons notre dignité.

La vraie difficulté est que nous avons peur de notre peur. Je crois que là réside l'un des éléments les plus percutants de l'analyse de Chögyam Trungpa : *ce n'est pas la peur qui est notre véritable obstacle, c'est la peur de la peur*, notre entêtement à l'éviter, à l'ignorer.

En accepter l'épreuve nous rend sur-le-champ plus honnêtes et nous met directement en contact avec notre propre cœur. Ici réside l'autre sommet de l'analyse de Chögyam Trungpa : *derrière la peur se cache une vision exacte et précise de la situation que notre tendresse permet de percevoir.* C'est précisément cette tendresse qui, en vérité, nous fait peur et que nous fuyons. Elle est si vaste et tellement insaisissable. Elle nous rend si vulnérables. L'authentique guerrier n'a rien à voir avec ces images de soldats tout-puissants que nous montre le cinéma hollywoodien. Il n'est pas cet homme violent et machiste – terrorisé par sa propre angoisse et qui préfère tirer sur tout ce qui bouge plutôt que d'entrer en contact avec elle. Son cœur est tendre. Tel est bien le paradoxe sur lequel insiste Chögyam Trungpa : le guerrier n'est pas un être inébranlable qui ne ressent rien, il est celui qui assume sa vulnérabilité. « Le guerrier idéal doit éprouver tristesse et tendresse, écrit-il ; c'est là qu'il va puiser sa grande vaillance. Sans cette tristesse qui vient du fond du cœur, la vaillance est aussi fragile qu'une tasse de porcelaine : si on la laisse tomber, elle se casse ou s'ébrèche. En revanche, la vaillance du guerrier est comme une tasse en laque, dont la base de bois est enduite de plusieurs couches de laque. Si la tasse tombe, elle rebondit mais ne se casse pas ; elle est à la fois dure et souple[1]. »

Chögyam Trungpa ne le savait sans doute pas en

1. Chögyam Trungpa, *Shambhala*, *op. cit.*, p. 52.

écrivant ces lignes, mais telle est la manière dont est décrit Achille, le plus grand des guerriers. « C'est mon héros favori, reconnaît par exemple le poète allemand Hölderlin, à la fois *le plus tendre et le plus fort*, la fleur la plus parfaite et la plus éphémère du monde des héros, "né pour peu de temps", selon Homère, précisément parce qu'il est si beau[1]. »

Cet enseignement est peut-être l'un de ceux qui ont le plus radicalement changé mon existence. Tous nos efforts pour cacher la fragilité de notre cœur et ne pas nous laisser bouleverser par la réalité ne font que nous enfermer dans une prison, que nous priver des sources de vie. Quelle incroyable nouvelle ! L'endroit où je suis le plus vulnérable, l'endroit de ma peur, de mon inquiétude, est le seul lieu où peuvent pousser les plus belles fleurs, où je peux advenir à ce que je suis. Si le lotus, l'une des plus belles fleurs qui poussent en Asie, naît dans la boue, il en est de même de la joie. Elle ne naît pas en étouffant notre cœur, en essayant de faire comme tout le monde, en n'osant jamais dire ce que nous ressentons – mais en reconnaissant la tristesse et la peur. Quand je vois ces gens qui veulent à tout prix être heureux, qui font tant d'efforts pour y arriver, qui suivent de nombreuses thérapies ou en dirigent, et qui tentent ainsi de juguler leurs angoisses, j'ai un pincement au cœur. Bien sûr, leurs efforts sont touchants et louables, mais ils restent basés sur la peur d'eux-mêmes – et plus ils en font, plus ils deviennent lisses comme

1. Friedrich Hölderlin, « Sur Achille », in *Œuvres*, trad. Denise Naville, Paris, Gallimard, coll. « Bibl. de la Pléiade », 1967, p. 597.

des images de papier glacé – inauthentiques. Ces professionnels du bonheur ont fui le lieu de la vraie joie.

L'art d'être humain nous apprend à ne plus avoir peur de notre fragilité, à lui donner droit, à la laisser ouvrir notre cœur. Lorsque nous voyons un ami cher, notre petit-fils, une goutte de pluie glisser sur la fenêtre, il se pourrait que nous soyons émus. Loin d'être un problème, cette sensibilité nous permet au contraire d'établir une authentique communion avec le monde. Sans elle, il nous serait même impossible de parler à quelqu'un. Cette tendre vulnérabilité ne renvoie donc à aucune sentimentalité, mais à la capacité primordiale que nous puissions être touchés, en relation avec les autres, liés à eux.

5

Être artiste à chaque moment de notre vie

Comment reconnaître la beauté du monde et se libérer dans la confiance

Ce qui a résisté – inalliable, inoxydable,
Brûle comme argent féminin.
Et le sobre travail argente
Le fer de la charrue, la voix du poète.

OSSIP MANDELSTAM[1]

Un maître d'école suisse avait lu, en classe, pour la plus grande joie de ses élèves une des *Histoires du bon Dieu* de Rilke. L'intérêt des enfants fut extrême. Le maître, reconnaissant, fit part au poète de cet événement et chacun de ses élèves joignit à la lettre un petit témoignage personnel. Rilke fut très ému. Il adressa un billet de remerciements au maître d'école, mais, de façon étonnante, il écrivit une quarantaine de lettres, toutes différentes les unes des autres pour chacun des enfants, s'appliquant même à calligraphier leurs adresses. Rilke était poète à chaque moment de sa vie.

Il nous rappelle que la poésie est d'abord la manière la plus juste de faire attention aux autres, aux signes, aux événements.

1. Ossip Mandelstam, in *La Planche de vivre*, trad. René Char et Tina Jolas, Paris, Gallimard, 1981, p. 52.

Bien sûr, écouter un morceau de musique, regarder une œuvre picturale, voir un ballet ou une pièce de théâtre réveille en nous le parfum, comme oublié, de notre propre humanité et nous aide à nous poser en nous-mêmes. On se sent alors parfois comme lavé de ses soucis, de ce qui nous a fait oublier l'immensité de notre cœur.

Il n'est cependant pas nécessaire de restreindre l'art à un domaine d'activité particulier. Chacun de nos gestes peut être un poème. Chögyam Trungpa a été, pour cette raison, très frappé par l'exemple japonais : « En général, les Tibétains ont des méthodes très traditionnelles et il n'y a pas d'art séculier dans cette culture [...] tandis que, dans la tradition zen du Japon et de la Chine, les artistes dépeignent souvent un art séculier dans le langage du zen. Sur le plan de la psychologie sociale, la pensée des deux peuples était de beaucoup supérieure à celle des Tibétains. Au lieu d'adhérer très fidèlement à la doctrine, ils ont trouvé le moyen d'exprimer les enseignements dans un art séculier[1]. » Le Japon ne distingue pas, comme nous, le grand art de l'art des choses quotidiennes, si bien que, comme l'écrit Sôseki, « un poète anonyme qui n'a pas écrit un seul vers, un peintre obscur qui n'a pas peint une seule toile sont plus heureux qu'un millionnaire, qu'un prince, que toutes les célébrités du monde trivial, car les premiers savent observer la vie, peuvent s'abstraire de toute préoccupation, sont en mesure d'entrer dans le monde de la pureté, de

1. Chögyam Trungpa, *Dharma et créativité*, Paris, Guy Trédaniel, 1999, p. 48.

construire l'univers unique et de balayer les contraintes de l'égoïsme[1] ».

Rainer Maria Rilke, durant son séjour à Meudon auprès de Rodin, découvrit l'art poétique japonais, grâce à la présentation qu'en fit Paul-Louis Couchoud, qui avait séjourné au Japon entre 1903 et 1904. Ce dernier a été le premier Français à publier des haïkus et à en expliquer les principes. Rilke fut frappé par la manière dont ces courts textes ne cherchent pas à faire œuvre mais à se mettre à l'unisson d'un « bref étonnement ». Sans effort, sans souci esthétique même, quelques lignes établissent le lecteur dans une dimension où l'intériorité et l'espace du monde sont profondément unitaires, inséparables : « C'est là une des grandes questions de l'Art, écrit-il à une jeune femme peintre, de tous les arts (combien, par exemple, ça fait souffrir de voir parfois intercalé entre les tons d'une œuvre musicale un morceau de silence véritable, de silence profane, un vide trop vrai, comme le vide d'un tiroir ou d'un porte-monnaie). Et dans la poésie : combien d'espace réel partout, entre les mots, entre les strophes, tout autour d'un poème ; cette réussite rare et exquise qui consiste à placer une chose imaginaire dans un espace approprié, c'est-à-dire tout aussi intérieur [...] me fait penser aux Haï-Kaï, ces minuscules unités poétiques, cultivées par les Japonais depuis le XVe siècle[2]. » Ces textes nous montrent comme la plus simple attention ouvre sur une présence inexplicable – or, comme il l'avait écrit dans les

1. Sôseki, *Oreiller d'herbes*, Paris, Payot Rivages, 1989, p. 8.
2. Rainer Maria Rilke, lettre à Sophie Giauque, novembre 1925, in *Œuvres III*, *op. cit.*, p. 592.

Lettres à un jeune poète : « La peur de l'inexplicable n'a pas seulement appauvri l'existence de l'individu, mais encore les rapports d'homme à homme. »

Le Japon a inventé un art pour faire un nœud, mettre des fleurs dans un vase, servir une tasse de thé. Suivons cet exemple, ne limitons pas l'art à l'exécution d'œuvres rituelles – comme c'était le cas au Tibet – ou à la seule création de chefs-d'œuvre accomplis par un artiste unique et génial – selon l'idée romantique qui s'est développée en Occident. L'art pourrait être la célébration des moments de notre existence. La manière de mettre la table, de faire à manger, de nous habiller, de marcher, pourrait être une manière de célébrer la vie : « L'art se définit comme la capacité de voir le caractère unique de l'expérience quotidienne, écrit Chögyam Trungpa. Il se peut qu'on répète sans cesse les mêmes gestes – se brosser les dents, se peigner, préparer le dîner – mais cette apparente répétition devient, jour après jour, quelque chose d'unique[1]. »

Rien n'est plus égarant que d'entendre en ces propos une volonté d'esthétiser la vie. Il s'agit d'un simple travail d'écoute et de souci de simplicité, pour essayer simplement d'être soi.

Chercher à mettre la table de manière non mécanique, mais en se donnant le droit d'explorer le jeu des formes et des couleurs peut transformer notre expérience. Nous pouvons faire d'un acte banal une sorte de rituel simple et poétique. Et selon la situation – un repas en tête à tête ou familial, avec des amis ou des

1. Chögyam Trungpa, *Dharma et créativité*, *op. cit.*, p. 49.

relations de travail – établir un environnement qui soit le plus propice possible.

Chögyam Trungpa, en Angleterre, avait suivi des cours d'arrangement floral japonais et, aux États-Unis, il fit de nombreuses démonstrations de ce qu'il avait appris, encourageant ses étudiants à s'engager à leur tour dans cette voie. Voulant suivre ses instructions, je me suis inscrit à un cours de ce que l'on nomme en japonais *ikebana*. Ma première surprise fut de constater que j'étais le seul garçon présent, tous les autres élèves étant des femmes qui avaient l'âge de ma mère. Ma seconde surprise fut de constater à quel point mettre quelques fleurs dans un vase était difficile. Il me fallait développer une attention à tous les détails, aux nombreuses règles d'arrangement comme à chaque type de branches et de fleurs. J'ai continué pendant cinq ans à venir chaque semaine étudier auprès de mon professeur, jusqu'à son départ pour le Japon, qui me rendit très triste.

La méditation assise était alors, pour moi, bien difficile. Je me confrontais de manière aiguë à l'absence complète de tendresse. Je n'en sentais pas plus en moi que dans ceux que je rencontrais. Comme il était difficile d'entrer en rapport avec le présent et d'arrêter de se torturer.

La beauté des fleurs m'a rasséréné et donné du courage. Elles m'ont aidé à entrer dans la méditation et à trouver le sens de l'écoute. L'effort pour être présent à ce qui est, pour se mettre en retrait, était, grâce à elles, particulièrement joyeux. Et moins je cherchais à m'exprimer et à affirmer mes goûts, plus j'étais soucieux des seules fleurs et de la manière dont elles pouvaient dialoguer les unes avec les autres, plus l'arrangement était réussi – et, paradoxalement, reflétait mon esprit. C'est pourtant tout simple. Nous n'avons aucun effort à faire pour être nous-mêmes. Nous le sommes. Mais notre inquiétude et notre arrogance, notre manque de confiance et nos peurs l'étouffent. En voulant s'affirmer, exister, être reconnu, on se défigure. Il suffit de se détendre, de devenir comme transparent pour que notre être se mette à chanter spontanément – ou, comme le dirait Rilke, devienne « anonyme ».

Edmond Jaloux a laissé un très beau témoignage de ses rencontres avec Rilke, qui montre ce qu'est vivre en poète : « Quand j'eus commencé de causer avec lui, il me sembla que c'était la première fois que je parlais avec un poète. Je veux dire que les autres poètes que j'avais approchés, si grands qu'ils fussent, n'étaient cependant poètes que par l'esprit ; hors leur travail, ils vivaient dans le même monde que moi, avec les mêmes êtres. [...] Mais à mesure que Rainer Maria Rilke discourait, avec sa douceur et son admirable connaissance de notre langue qui a pu faire de lui un véritable poète français, il m'introduisait dans un univers qui était le sien et où je n'étais admis à pénétrer que par une sorte de miracle. Le féerique, le fantastique naissaient sous ses paroles ; avec lui, je m'évadais enfin de l'enfer du logique, du labyrinthe du possible. Avec lui, j'échappais à ces méandres sans but, j'aboutissais quelque part[1]. » En apprenant à mettre des fleurs dans un vase, à m'asseoir sur un coussin, à m'habiller comme on écrit un poème, j'ai goûté à

1. Edmond Jaloux, *Rainer Maria Rilke*, Paris, Émile-Paul Frères, 1927, p. 41 *sq*.

ce monde – où dans le recueillement ce sont la beauté et l'équilibre des choses qui parlent. Car, comme l'écrit Rilke, « comment supporter, comment sauver le visible, si ce n'est en en faisant le langage de l'absence, de l'invisible ? Et comment parler cette langue qui reste muette, à moins qu'on ne la chante éperdument, sans aucune velléité de se faire comprendre [1] ? ».

Avoir confiance n'est pas une tâche impossible

Le courage qui nous est nécessaire repose sur un sens de confiance inaltérable. En général, on dit avoir confiance *en* quelque chose ou *en* quelqu'un, mais nous parlons rarement de la confiance comme un état que l'on peut faire surgir. Faute de reposer en cet état, nous sommes fragilisés au point de prendre souvent de mauvaises décisions et d'agir contre ce que nous souhaitons. À un niveau plus sérieux, ce manque de confiance est à la source de l'état de mal-être, souvent dramatique, de nombreuses personnes. Selon les estimations de l'Organisation mondiale pour la santé, près d'un million de personnes se suicident par an et dix à vingt fois plus ont fait des tentatives de suicide à travers le monde. En France, avec douze mille morts par an, le suicide tue plus que la route et il est la première cause de mort chez les jeunes de moins de trente-cinq ans.

Nous avons tort de comprendre le phénomène uniquement d'un point de vue psychologique et individuel. Notre monde est marqué par une dépression

1. Rainer Maria Rilke, lettre à Sophie Giauque, novembre 1925, *loc. cit.*, p. 594.

larvée et, si tous n'en meurent pas, nous sommes tous frappés.

Nous sommes les victimes d'une idéologie qu'il faudrait appeler la légende du monde mort[1]. On nous a appris à tout considérer du point de vue de cette légende – et à nier, à oublier, à mettre de côté les expériences que nous avons tous faites, au moins dans l'enfance, d'un monde vivant, d'un monde avec lequel nous étions en contact avec des forces claires, dans une disponibilité profonde. Dans cette perspective, la vie n'est qu'un processus physico-chimique et la sexualité, l'amour ou encore le fait de manger ne sont que des fonctions biologiques. Comment vivre ainsi ? Comment ne pas se décourager ?

Pour retrouver confiance, l'important est de porter, tout au contraire, notre attention sur la manière dont nous vivons. Ne rien considérer comme profane, bassement matériel, mais vivre dans le jour de la poésie.

Ainsi, la manière que nous avons de nous habiller pourrait être une manière de nous mettre à l'unisson du monde, de le nommer.

Deux obstacles rendent difficile la compréhension de ce que je veux dire.

– Tout d'abord nous considérons les vêtements comme accessoire, une simple nécessité grossière, matérielle – nullement des mots sacrés que nous pouvons revêtir. Ils n'ont aucune importance à nos yeux. Lorsque

1. Pour une présentation plus détaillée de la légende du monde mort, cf. Fabrice Midal, *Introduction au tantra bouddhique. L'incandescence de l'amour*, Paris, Fayard, 2007, p. 70-104.

j'enseigne sur ce thème, on me répond souvent que tout cela n'a pas de sens, qu'il faut être pratique et économe. Y penser, ce serait perdre temps et argent. Alors on achète les uniformes proposés par l'industrie de l'habillement. On ne se rend nullement compte qu'ainsi nous ne nous respectons pas et désavouons la beauté. Nos costumes expriment chez celui qui les porte, comme le souligne Nietzsche, qu'il « ne veut se *faire remarquer*, ni comme *individu* ni comme représentant *d'une classe* et *d'un peuple*, qu'il s'est fait une loi de l'atténuation intentionnelle de ces sortes de vanités ; ensuite, qu'il est laborieux et qu'il n'a pas beaucoup de temps pour s'habiller et se parer, et aussi que tout ce qui est précieux et luxueux dans l'étoffe et l'agencement des plis se trouve en désaccord avec son travail[1] ». Il est l'ouvrier parfait du monde mort de la rentabilité.

– Même lorsque le vêtement est considéré comme élément de mode, il n'en est pas moins nié dans sa ressource poétique. Comme Nietzsche le remarque, le rapport au vêtement que la mode établit est un diktat culturel et social. On impose des standards d'un bout à l'autre de la Terre. Il manque le sens de l'intériorité qui nous permet d'habiter réellement ce que l'on porte. La sacralisation du vêtement par la mode n'a rien à voir avec le sens réel du sacré.

Pourtant nos vêtements pourraient constituer un langage nous permettant de toucher cette confiance primordiale et de communiquer de manière appropriée

1. Friedrich Nietzsche, *Le Voyageur et son ombre*, 215, in *Œuvres complètes*, Paris, Robert Laffont, t. I, p. 911.

selon les situations où nous nous trouvons. Mais cela demande un effort. Selon la journée que nous allons vivre, ce que nous souhaitons manifester, nous pouvons nous habiller différemment. Rainer Maria Rilke, dans son unique roman, *Les Cahiers de Malte Laurids Brigge*, écrit ainsi, de manière frappante : « J'appris alors à connaître l'influence qu'un vêtement peut exercer immédiatement sur nous. J'avais à peine endossé un de ces costumes que je devais m'avouer qu'il me tenait en son pouvoir ; qu'il me prescrivait mes mouvements, l'expression de mon visage et même les idées qui me venaient à l'esprit ; ma main, sur laquelle la manchette de dentelle ne cessait de retomber, n'était plus du tout ma main ordinaire ; elle se déplaçait comme un acteur, oui j'irais presque jusqu'à dire, même si cela paraît exagéré, qu'elle se regardait agir. » Les vêtements que nous portons nous tiennent en leur pouvoir. S'ils parlent la langue du monde mort, comment ne pas mourir nous-mêmes un peu ?

Toutes les représentations de guerriers – les Indiens d'Amérique, les samouraïs ou les chevaliers du Moyen Âge – montrent des hommes vêtus de costumes d'une grande magnificence. Ce n'est pas un hasard. Par là, ils surmontent le sentiment commun, toujours menaçant, d'insuffisance, de ne pas être à la hauteur. Nietzsche souligne, avec cette intuition percutante : « Autrefois tout achat chez des artisans était une distinction accordée à une personne, des marques de laquelle on s'entourait : de la sorte les objets usuels et les vêtements devenaient des symboles d'estime réciproque et d'affinité personnelle, tandis qu'aujourd'hui nous semblons vivre seulement au milieu d'un esclavage anonyme et impersonnel[1]. » Comment retrouver un sens de dignité réelle dans notre monde ?

Chögyam Trungpa et l'établissement d'un monde poétique

Chögyam Trungpa est vraiment un être surprenant et hors du commun. Quand on regarde, comme beaucoup de ses contemporains, son existence, on ne peut qu'être désarçonné par son comportement provocateur, son refus de jouer aucun rôle, son incapacité à respecter les horaires, au point de pouvoir commencer à enseigner avec plusieurs heures, voire plusieurs jours de retard, sa consommation d'immenses quantités d'alcool, qui ne s'accompagnait pourtant jamais du moindre comportement alcoolique. Mais quand on prend du recul et que l'on regarde le mouvement de son œuvre, on est frappé par sa stupéfiante cohérence.

Lorsque Chögyam Trungpa fit cette retraite, en 1977, il ne prit pas seulement la décision d'enseigner désormais le chemin le plus court pour trancher au travers de la dépression, du manque d'estime, du culte de la laideur et de la légende du monde mort. Il voulut fonder une situation d'enseignement où chacun pourrait faire l'expérience des principes qu'il présentait.

Imaginez un philosophe établissant un monde qui manifeste, de manière tangible, sa pensée. Un monde voué à faire jaillir la beauté, la dignité et l'élégance. Il suffirait d'y entrer pour se sentir sur-le-champ réveillé et vivant. Cela semble fou – une idée fantasque ! Tel

1. Friedrich Nietzsche, *Le Voyageur et son ombre*, 288, *op. cit.*, p. 938.

fut pourtant l'engagement de Chögyam Trungpa et, à sa sortie de retraite, il se consacra intensément à cette tâche. Un jour que je rencontrai une jeune femme qui avait grandi dans un tel univers, je lui demandai lequel, parmi les nombreux étudiants de Chögyam Trungpa, l'avait le plus aidée dans son chemin. À ma surprise, elle me répondit : « Aucun. C'est le monde même qu'il avait établi et qui ressemblait parfois à un conte de fées, qui m'a appris ce que je sais. »

Chögyam Trungpa se mit à parler de l'art, à organiser des séminaires et à participer à des expositions dans les musées américains. La première fois que j'ai lu les séminaires que Chögyam Trungpa a consacrés à l'art, j'ai été pris d'une sorte de panique. Je m'attendais, naïvement sans doute, à ce que ses enseignements soient particulièrement joyeux, comme lorsque j'écoute un magnifique concert. Mais Chögyam Trungpa y montre d'abord qu'aucun acte n'est étranger au champ de l'art. Ouvrir une porte, poser un vêtement sur un cintre, allumer une cigarette, tout doit être l'occasion de célébrer l'existence et peut répondre à une chorégraphie précise : « L'art dans la vie quotidienne, cela concerne l'organisation de la famille, les objets dans la maison, la façon de ranger vos vêtements, toutes les choses qui ordinairement sont considérées comme ennuyeuses et peu importantes. Nous pourrions commencer à apprécier que les choses prennent leur propre place, juste comme les quatre saisons[1]. » Rien n'est hors du champ de la poésie.

1. Chögyam Trungpa, *Dharma et créativité*, *op. cit.*, p. 62.

S'ouvrir au monde vivant : une révolution philosophique

Si nous mangeons n'importe quoi, n'importe comment, si nous vivons dans des maisons préfabriquées, nous habillant sans y prêter beaucoup d'attention, comment se sentir bien ? Le monde n'est pas une surface étendue, comme l'affirment Descartes et, à sa suite, la science moderne : il est vivant. La spiritualité, quand elle prétend qu'il suffit de travailler sur notre propre esprit, est aveugle. Elle est même dangereuse.

On peut bien sûr décider de raser des arbres pour construire un parking et en replanter d'autres par la suite. Aux yeux des gestionnaires, cela revient au même. Nous savons bien pourtant qu'il n'en est rien. La poésie nous apprend à reconnaître que le monde est tout entier digne d'attention. On ne vit pas de la même manière dans un endroit sale et sombre qu'au milieu de la nature. Tel est le sens le plus ample du « symbolisme ». Cette notion renvoie à la qualité même de toute expérience et non d'un savoir scolaire. Peu importe de savoir que l'abeille est le symbole de la vertu d'espérance, l'important est de faire l'épreuve de la manière dont elle nous apparaît. Cessons de considérer la réalité comme séparée de nous si nous voulons cesser d'être déprimés et entrer dans le chant du monde. Car, ainsi que Rilke y insiste : « Comme toutes les choses sont en migration ! Comme elles se réfugient en nous, – comme elles désirent, toutes, d'être soulagées du dehors et de revivre dans cet au-delà que nous enfermons en nous-mêmes pour l'approfondir. »

Faire attention au symbolisme ne repose pas sur un effort intellectuel pour connaître un arrière-plan théorique, mais sur notre capacité à percevoir comment chaque chose irradie d'une manière particulière à laquelle il nous est possible de répondre. Cessons d'opposer le phénomène et sa prétendue signification. Le travail de la psychanalyse, celui de la phénoménologie ou de l'art moderne ont tous, à leur manière, insisté sur le fait que le sens n'est pas caché dans un ailleurs lointain. Il est juste là.

Avant même de passer par les mots, nous ressentons bien l'état d'être de quelqu'un qui entre dans une pièce. Chaque personne dégage une certaine qualité qui lui est propre. Apprenons à lui donner droit. Nous avons oublié cette magnifique capacité qui nous met, de manière surprenante, en rapport avec ce qui est. La réalité se découvre alors comme faite de strates toujours plus profondes. Il n'y a aucune limite à notre exploration. Chaque fois qu'on écoute ainsi le monde, on touche son cœur, on se détend – la confiance surgit. C'est une complète erreur de croire qu'il faut avoir fait des études ou avoir un don pour accéder aux chants d'innocence et d'expérience. Il suffit d'être simplement humain.

Faire des exercices pour découvrir le symbolisme du monde

Durant quelques années, Chögyam Trungpa adora donner à ses étudiants américains des cours d'élocution. D'abord, il voulait qu'ils apprennent à parler leur langue avec l'accent d'Oxford. Il les poussait à l'artificialité d'une prononciation qui les conduisait à entendre à neuf leur propre langue. Une fois cet apprentissage maîtrisé, parler devient une fête car tous les mots sont à nouveau parlants. Ils ne sont plus des informations à transmettre, mais une scansion vivante de sons. Chögyam Trungpa espérait ainsi conduire chacun d'eux à abandonner l'idée commune selon laquelle le langage n'est qu'un instrument mécanique de communication, pour en faire l'occasion d'une expérience de joie. Cette discipline une fois intégrée, chacun pouvait bien sûr revenir à son accent propre – sachant désormais que la parole est d'abord rythme et énergie.

Lorsque Chögyam Trungpa découvrit le « jeu des qualités », il s'enthousiasma aussi. Pendant des heures, souvent tard dans la nuit, après ses enseignements, il demandait à quelques-uns de ses étudiants de jouer avec lui. Dans ce jeu, quelqu'un sort de la salle, et le groupe qui reste choisit un sujet, généralement une personne, une figure historique ou un personnage célèbre. Celui qui est à l'extérieur rentre et pose à chacun des questions. Toutes ont une certaine forme : « Si cette personne était un pays, un plat, un vêtement, quel pays, plat ou vêtement serait-elle ? » La réponse doit chercher à être la plus proche de la *qualité* de l'être recherchée. C'est pourquoi il se nomme « jeu des qualités ».

Chögyam Trungpa aimait beaucoup changer la règle et être le seul à connaître la réponse. Il l'écrivait sur un morceau de papier qu'il posait sur la table devant lui. Tout le monde devait chercher la réponse en l'interrogeant. Après chaque demande, il se taisait un long moment avant de dire quelque chose. Le jeu pouvait durer des heures. Et même si quelqu'un avait deviné la réponse, Trungpa insistait pour que le jeu continue. Malgré la fatigue et l'alcool, il était d'une vigilance impitoyable. Un de ses étudiants, Jeremy Hayward, raconte que le jour où, épuisé, il se cacha derrière sa femme pour tenter de s'endormir quelques minutes, Trungpa s'écria : « Mais pourquoi Jeremy ne pose-t-il plus de questions ? » Jeremy n'en pouvait plus et n'espérait qu'une chose, que Trungpa se décide enfin à aller se coucher. Pourtant, en rentrant chez lui, au petit matin, il se rendit compte qu'une joie extraordinaire l'habitait.

Tout le dessein de Chögyam Trungpa était de montrer comment apprécier les qualités des choses et des êtres – le rouge du rouge, la manière d'être du ciel, le son d'une voyelle, le goût d'un fruit, le souffle d'un baiser… Nous pourrions découvrir des exercices nous permettant, à notre tour, d'explorer le monde. Photographier tous les jours, pendant un mois, le même arbre. Écrire des haïkus sur le rythme des saisons. Faire des offrandes aux montagnes.

Inventer rituels et cérémonies

Il est bon d'inventer des rituels pour célébrer certaines occasions. Le faire est l'un des enseignements qui peuvent le mieux nous aider. Nous pouvons tous apprendre à être nobles, à manifester un sens de la dignité qui puisse s'incarner dans chacune de nos actions. Tout peut être imprégné de cette vision : la manière dont nous nous coiffons, dont nous disons bonjour à quelqu'un, dont nous aidons notre hôte à la cuisine, dont nous aménageons notre maison. Nous résistons souvent parce que le terme de rituel renvoie, pour la plupart d'entre nous, à une cérémonie ennuyeuse et désincarnée, qu'il faut suivre par obligation.

Lorsque Rilke, après la Première Guerre mondiale, vivait en solitaire en Suisse, dans sa tour de Muzot, il faisait attention à chaque détail qui pouvait devenir événement. Pour saluer l'arrivée d'une édition complète de Balzac en quarante-neuf volumes, il fit hisser un drapeau sur sa tour. Quand le poète Paul Valéry vint lui rendre visite, le drapeau ne pouvait suffire. Rilke admirait Valéry qu'il avait traduit en allemand. Il était pour lui la poésie vivante. Il voulut que la terre garde souvenir de ce visiteur mémorable. Avant sa venue, il refusa toute invitation pour se préparer, puis il planta un saule dans le jardin, confiant ainsi à la pérennité du monde végétal le souvenir d'une heure unique.

Là est le sens authentique de la fête.

Comme le souligne Nietzsche, la fête est la manière d'approuver la vie de façon inconditionnelle, de surmonter le nihilisme, le ressentiment et cette haine larvée qui corrompt tout. Dans la fête, toutes les angoisses et les tristesses sont remises sans que nous ayons à les dénier ou à les oublier.

La fête ne consiste nullement, selon l'usage habituel, à se perdre dans le divertissement, pour se changer les idées ou « s'éclater ». Elle est le contraire de cette fuite. L'homme ne peut même, en réalité, en connaître le sens authentique que s'il ne chasse pas la douleur, s'il n'érige pas des digues contre le mal, s'il dit « oui » à tout ce qui est, s'il embrasse la vie, s'il touche la vulnérabilité de son cœur. « Peut-être, écrit Nietzsche, n'y a-t-il rien de plus étrange, pour celui qui regarde le monde grec, que de découvrir que les Grecs offraient de temps en temps quelque chose comme des fêtes à toutes leurs passions et à tous leurs mauvais penchants, et qu'ils avaient même institué, par voie d'État, une sorte de réglementation pour célébrer ce qui était chez eux trop humain. [...] Ils considéraient leur "trop humain" comme quelque chose d'inévitable, et préféraient, au lieu de l'injurier, lui accorder une espèce de droit de second ordre, en l'introduisant dans les usages de la société et du culte : ils allaient même jusqu'à appeler divin tout ce qui avait de la puissance dans l'homme, et ils l'inscrivaient aux parois de leur ciel[1]. »

Il existe de nombreuses cérémonies dans la tradition bouddhiste. Mais Chögyam Trungpa s'est s'intéressé tout particulièrement à fonder de nouvelles cérémonies à même de faire jaillir la beauté de notre temps et de nos aspirations. Une telle liberté ne répond pas au souci de rompre avec la Tradition, mais au contraire d'en sauvegarder l'esprit perdu dans le formalisme.

D'un côté, Chögyam Trungpa transmit avec une précision rigoureuse les rituels initiatiques traditionnels. Il voulait que ses étudiants en comprennent toutes les subtilités au lieu de les suivre religieusement.

Mais, d'un autre côté, il voyait l'importance que chaque homme puisse inventer un rapport rituel et sacré à toute chose. Que chacun de nos gestes devienne une occasion de saluer et d'écouter notre propre état

1. Friedrich Nietzsche, *Humain, trop humain II*, in *Œuvres complètes*, *op. cit.*, t. I., p. 778.

d'esprit, d'accueillir l'autre, de dire la vérité d'un moment.

J'ai pour ma part beaucoup appris de l'ambition poétique des rituels lorsque mes étudiants m'ont demandé de célébrer des mariages. Il fallait inventer avec les mariés, dans la fidélité à leur situation, à leur famille, à leur héritage et à leur aspiration, des gestes à même de faire événement. Non pas reprendre des formes anciennes simplement parce qu'elles existent déjà, mais ordonnancer une fête authentique. Faire d'un mariage, non une formalité ou une cérémonie religieuse, mais un poème qui montre par où, pour eux, s'ouvre un chemin dans l'amour.

6

Le Bouddha et la métaphysique

Sois fidèle !
Même la fleur sans voix
Parle au creux de ton oreille.

ONITSURA [1]

Pendant longtemps, bouleversé par la découverte du bouddhisme, je suis allé écouter les divers maîtres tibétains lors de leur visite à Paris. Après l'une de ces soirées d'enseignement, de retour chez moi, j'ai écouté l'une des dernières sonates de Schubert. Le contraste entre l'expérience de présence que j'éprouvais alors et celle, si terne, que je venais de vivre me surprit.

J'ai reconnu l'évidence, si étrange qu'elle soit : je rencontre le Bouddha bien plus directement en écoutant un morceau de musique qu'en suivant le énième enseignement sur la vacuité et la compassion. Je pris alors la décision d'aller de temps à autre écouter un concert et d'arrêter de me forcer à aller écouter ces discours formatés à l'identique.

Non que ce discours bouddhiste commun invitant à

1. Onitsura, in *L'Art du haïku*, trad. Vincent Brochard, Paris, Belfond, 2009, p. 143.

trouver le bonheur, à découvrir l'inexistence du moi, à reconnaître la véritable nature de notre esprit et à comprendre la vacuité soit faux, mais à ne jamais se risquer, il nous reste étranger. Quand les premiers Tibétains venaient en Occident, leur présence fulgurante libérait sur-le-champ de toute inquiétude et peu importe ce qu'ils pouvaient dire. Tout en eux parlait. Mais à force de répéter les mêmes propos sans vraiment les habiter, leurs successeurs ont fini par les émousser. Ils en ont fait une vérité fixée dans son principe, qu'il suffit de monnayer dans le détail pour la distribuer ensuite partout.

La révélation de la présence nue, en son surgissement qui vient faire effraction, comme peut le faire l'écoute d'un magnifique morceau de musique, est ainsi perdue. C'est elle pourtant que transmet le Bouddha.

Lorsque, après avoir passé le bac, j'ai décidé d'étudier la philosophie, pour trouver un chemin hors du désespoir, j'ai très vite éprouvé de la déception. La philosophie, comme elle était enseignée à l'université, n'était qu'une présentation de connaissances diverses, sans rien qui y soit vraiment vivant. J'ai pressenti le piège qu'il y aurait à s'engager dans cette voie. Et lorsque je parlais avec certains de mes professeurs, hors des cours, je voyais bien qu'en réalité ils étaient perdus. Leurs efforts ne débouchaient pas sur un renouvellement de la vie. Nietzsche voyait juste.

Cette déception fut l'une des causes qui me conduisirent à pratiquer la méditation. L'Occident me semblait avoir renoncé à toute voie d'intériorité, toute écoute de l'expérience humaine, toute célébration de l'existence. Le ton même de mes professeurs, tellement emprunté, jouissant de s'écouter parler, me mettait mal à l'aise. Pourquoi ne parlaient-ils pas normalement ?

Je continuais mes études de philosophie de loin en loin, au fond sans rien y comprendre. J'y voyais une sorte de jeu de construction intellectuel. Bien sûr, j'étais impressionné par tous ces efforts, mais ils me semblaient néanmoins assez vains.

Je ne m'attendais pas du tout à découvrir une autre entente de la philosophie. Et lorsqu'à vingt-sept ans, par un étrange concours de circonstances, j'assistai à un cours de François Fédier, je fus déboussolé.

Je rencontrais un homme qui *vivait* dans la philosophie au lieu d'en parler comme d'une matière scolaire.

Tout au long de ce livre, je cherche à montrer que nos habitudes de pensée créent de fausses dichotomies qui nous emprisonnent. On en retrouve une lorsqu'on parle de la philosophie. On pense qu'elle est une forme d'érudition désincarnée réservée à des spécialistes, ou bien alors un amalgame d'idées générales, élaboré au gré de la subjectivité de chacun.

Mais la philosophie n'est nullement un jeu de construction personnel. Elle nous dépouille de tout savoir, elle est l'épreuve pour nous libérer de nos illusions. Socrate en est l'exemple le plus pur. Il pose des questions à tous ceux qui prétendent connaître quelque chose et montre la fragilité de leurs prétentions. Il n'impose pas une nouvelle doctrine, mais tente de montrer à chacun comment regarder un peu plus justement en direction de ce qui est. Et Aristote, Descartes, Kant ou Husserl, dans ses pas, nous invitent eux aussi à nous méfier des doctrines apprises pour mieux considérer la réalité et la penser. C'est un véritable arrachement qu'ils nous demandent d'accomplir. Platon en a présenté le mouvement dans l'un des plus célèbres textes de la philosophie : l'allégorie de la caverne. Les hommes sont attachés dans la caverne des fausses évidences aux ombres qui défilent sur la paroi et qu'ils prennent pour réelles. Et certains, les plus malins, font des discours savants et subtils sur ces singulières apparences. La philosophie, explique Platon, consiste à se détacher de ses chaînes, constituées de nos idées reçues et fausses croyances. Elle nous conduit à nous méfier de ce que tout le monde répète sans l'avoir examiné, simplement pour faire comme tout le monde, et ainsi nous permet de sortir des antres obscurs pour rencontrer les choses vraies.

Chaque fois que j'assistais à un cours de François Fédier, qu'il considère un mot, une question ou une phrase, il me dessillait les yeux, m'arrachait à la paresse des convenances et me faisait rencontrer les choses vraies. Je suis allé tous les jours, pendant sept ans, jusqu'à son départ à la retraite, l'écouter dans sa classe, avec la joie la plus vive. Chaque jour, il me délivrait des écailles que je posais, sans m'en rendre compte, sur mon esprit et mon sentiment. Jamais je ne l'ai vu se répéter.

Peu à peu, j'ai compris que son travail était plus subtil que je ne l'avais d'abord perçu. Il montrait certes la philosophie dans son mouvement interne le plus pur, mais dans le même temps il rétrocédait d'un pas pour mieux en montrer le visage – en s'en étonnant. Avec lui, la manière même dont la philosophie interroge n'allait plus de soi. Pour le dire de manière sans doute trop brutale : il voyait la crispation qui, en son sein, nous a détournés de l'ampleur de la vie. Il retrouvait l'analyse de Nietzsche, confondante de pertinence. Nous sommes enserrés dans les griffes de la philosophie.

Mais qu'est-ce que la philosophie ?

Une manière très singulière de comprendre la présence de quoi que ce soit qui signe le destin de l'Occident. Pour elle, la présence est toujours exposée au danger de s'absenter. Tout l'effort de la pensée doit consister à surmonter un tel risque. La philosophie en a ainsi conclu qu'il fallait quitter les choses périssables d'ici-bas pour se consacrer à ce qui est dans l'absolu. Elle s'est alors nommée métaphysique, « au-delà de la physique ». Elle repose sur l'affirmation d'un arrière-monde, un monde derrière ou au-delà de notre monde qui lui donne sa solidité et permet de surmonter sa fragilité inhérente. Elle établit un fondement qui permet au présent d'être constant – et qu'elle a souvent pensé comme Dieu. La collusion entre la philosophie et la théologie est ainsi devenue une des lames de fond de l'Occident.

Au cours des années, j'ai commencé à comprendre de manière de plus en plus aiguë que, si François Fédier parlait de manière si vivante, si libre de tout intellectualisme, la raison en était qu'il n'était plus tout à fait dans la métaphysique. Ou, plus exactement, il était dans la métaphysique comme un poisson dans l'eau, en dégageant les lignes de force et les fondations, et dans le même temps il n'était pas dupe de son égarement et le révélait. Si sa parole me parlait tant, au plus vif de mon existence, c'est d'abord parce qu'il avait vu la façon dont la métaphysique se perd, joue avec les concepts, essaie de faire système et abandonne tout lien avec l'expérience. Si les philosophes que j'entendais à la Sorbonne m'épuisaient par leur inauthenticité, c'était certes souvent par leur impossibilité de vivre leur savoir dans leur existence, mais c'était aussi en raison d'une ombre au cœur même de la métaphysique qui les glaçait. François Fédier pouvait parler avec une sereine simplicité parce qu'il avait lui-même fait un mouvement de recul qui lui permettait de ne plus être prisonnier de son emprise. Tâche ô combien difficile, car la puissance de la métaphysique est redoutable au point que tous les hommes, même ceux qui n'ont jamais ouvert un livre de métaphysique, en sont marqués et sans doute tout autant que mes professeurs de philosophie. Ici, il nous faut faire un pas de plus. Nous sommes tous pris dans les rets de la métaphysique. Lorsque nous employons les termes de « sujet », d'« objet », d'« essence », de « théorie », de « cause », de « principe », qui parlent le langage de la métaphysique, nous sommes, que nous le sachions ou pas, en elle.

François Fédier me fit comprendre que la métaphysique n'est pas l'objet d'une croyance que l'on peut à volonté concéder ou révoquer, mais l'Occident lui-même en tant qu'il est notre partage. Or comme la Terre s'est tout entière occidentalisée, tous les êtres humains sont aujourd'hui prisonniers de cette manière de considérer toute chose. L'accomplissement de la métaphysique n'est pas la Sorbonne, mais l'usine de fabrication d'énergie nucléaire, l'organisation du transport autoroutier, la gestion globale d'Internet…

Le signe le plus redoutable de cette emprise de la métaphysique est le triomphe d'une pensée restreinte à une espèce de calcul visant à la mainmise la plus complète possible sur tout. Tout doit être calculable. La nature n'est plus qu'un unique réservoir géant. Un fleuve devient non la *présence* que chante un beau poème mais une réserve d'énergie que l'on doit maîtriser à volonté – rationnellement. En ce sens, la technique n'est pas un simple moyen que nous pourrions utiliser à notre guise, mais la manière dont nous nous rapportons à tout ce qui est. Elle est l'achèvement de l'effort de la métaphysique tout entière pour fixer la présence.

L'histoire de la métaphysique est la recherche d'une domination totale sur tout et la technique lui permet d'accomplir son rêve. Et par elle, devant chaque chose, nous sommes enclins à chercher comment la dominer absolument, pour que tout soit enfin certain. Ce souci de domination nous paraît seul à même de fixer une présence à l'abri de toute vicissitude.

L'important devient de pouvoir soumettre au calcul tout ce qui est, dans une course en avant qui ne s'arrête jamais et conduit nécessairement au ravage de la Terre, et qui contraint l'homme à un constant labeur. Voilà comment s'est constituée la légende du monde mort qu'on nous a inculquée comme une nouvelle religion.

Rilke et Nietzsche, malgré l'immensité de leur courage, leur détermination à traverser l'angoisse de notre temps, la profondeur inégalée de leurs analyses, restent, comme malgré eux, sous l'emprise de cette singulière crispation.

Nietzsche perçoit bien le caractère mortifère de la métaphysique. Mais, cherchant à en sortir, il s'y enferre néanmoins. C'est le drame poignant de son existence.

Voyant que la métaphysique comprend la présence comme constante, immuable, il affirme que sa vérité est d'être fluctuante, changeante et apparente. Mais, par là, il ne fait que renverser la proposition. Il ne s'en libère pas décisivement.

Voyant le nihilisme que la métaphysique produit, le danger qu'elle fait peser sur notre existence, il affirme la nécessité de la « volonté de puissance », de vouloir pleinement, seule manière, selon lui, de préserver la possibilité de dire oui à la vie. Comment éviter autrement, se dit-il, la détresse et le renoncement partout à l'œuvre ? Il ne perçoit pas que c'est précisément cette volonté totale de domination qui ravage notre temps. On ne sortira pas du nihilisme par un sursaut de volonté, mais par ce mouvement que révèle par exemple la méditation : apprendre à laisser être ce qui est. Non pas ne plus rien vouloir, mais découvrir un rapport plus ample et vif que celui de la volonté.

Rilke lui aussi perçoit, comme presque aucun autre de ses contemporains, la dévastation que la métaphysique suscite partout. Il fait l'expérience de la détresse du temps et chante l'indigence qui en résulte. Il repère les signes de la légende du monde mort que notre époque cherche à propager. Comme Nietzsche, il en fait l'épreuve.

Mais il croit que la raison humaine et la pensée en sont la cause. Ce sont elles, selon lui, qui rétrécissent les capacités de l'homme. L'animal, libre de la conscience, lui semble le héros de l'Ouvert – et non l'être humain. Croyant sauver l'Ouvert de l'objectivation technique propre au monde moderne, il le restreint à l'opacité de l'inconscient animal. L'Ouvert dont il se veut le gardien est le lieu de l'effusion cosmique et de la confusion universelle où rien ne se heurte plus à rien. Rilke perçoit bien que le triomphe de la rationalité nous fait perdre le contact avec les choses simples, avec le sacré et la vie, mais en voulant nous délivrer de ce rationalisme il restreint l'ampleur de l'Ouvert.

En présentant l'effort de Nietzsche et de Rilke, je présente deux des plus admirables héros de notre temps. Le discours que l'on trouve habituellement, les conseils que l'on nous donne pour retrouver du sens à la vie, pour nous délivrer de la dévastation, sont insuffisants. Ils sont, eux, des guides beaucoup plus sûrs. S'ils restent prisonniers de l'emprise de la métaphysique, c'est que la tâche à mener pour nous en libérer est ardue. Personne peut-être ne peut y réussir. Nous sommes tous en effet aveugles à cette emprise de la métaphysique – qui est presque aussi difficile à discerner que voir notre propre visage.

S'explique ainsi pourquoi la plupart des maîtres spirituels sont à ce point déboussolés et peu à même de nous aider. Ils parlent à l'homme de l'âge technique, de la mondialisation, du règne de la quantité et du profit, comme s'il habitait encore un monde de l'ancien temps. Pour eux, leurs discours étant sacrés, emplis d'une vérité d'expérience et d'autorité, ils sont convaincus qu'il suffit de les répéter tels qu'ils les ont reçus. Qui sont-ils même pour changer une lettre à la tradition ? D'où ils sont placés, il leur est difficile de voir que, dans le contexte de notre temps, l'enseignement doit soit être repensé, soit mourir.

Le travail de Martin Heidegger, à partir duquel François Fédier parlait, m'est apparu dans son incroyable ampleur. Pour la première fois dans l'histoire de la pensée occidentale, un homme a été à même de révéler le décor du théâtre de la métaphysique – décor que nous prenons pour le monde réel.

J'avais déjà été ébranlé par ma confrontation avec la parole du Bouddha exposant à la fois le secret permettant de laisser être la présence et la manière dont, en refusant cette présence, nous créons notre propre prison. Je fus ébranlé par ma lecture de Heidegger révélant les raisons de notre aveuglement devant la splendeur fragile et pourtant radieuse de la présence. Et, fait déconcertant, je constatais l'impossibilité qui saisit les philosophes et les intellectuels à lire Martin Heidegger. Ils ne peuvent en parler que pour éteindre l'incendie qu'il allume, le ramener à leurs minuscules enjeux. Si bien qu'à peu près tout ce que les universitaires écrivent sur Heidegger empêche de le lire.

Une pensée à même de nous répondre, de répondre à notre temps, doit être libre de la fascination pour les concepts et le primat du théorique, libre de la haine de la terre, de l'effort d'une domination acharnée sur tout – de l'emprise de la volonté. Elle se doit d'être autre que celle que l'Occident a jusqu'ici élaborée tout en se nourrissant de ce sol. La difficulté est d'autant plus extrême qu'il n'y a pas de solutions clés en main. Impossible de se défaire de la métaphysique comme d'une opinion.

Si Nietzsche et Rilke restent pris dans ses griffes, comment prétendre faire mieux qu'eux ?

Et pourtant, dans le même temps, tout être humain a rapport à cette dimension non métaphysique de présence nue.

J'ai rencontré un jour une femme, Léa, qui m'a raconté son enfance libre de l'emprise de la métaphysique, de la dépression et de la dévastation. Tout avait pourtant mal commencé pour elle. Sa mère n'avait pas voulu d'elle et lui avoua, lorsqu'elle eut douze ans, avoir cherché à éviter qu'elle naisse : « Aussi loin que je me souvienne, me raconte-t-elle, le simple fait de respirer me rendait heureuse. Je devais pressentir que c'était un miracle. »

Elle est née dans un château, situé dans le Limousin. Les femmes qui ne voulaient pas garder leurs enfants venaient y accoucher et des nourrices, pour un peu d'argent, venaient en prendre soin. Elle ne devait pas être très bien soignée, car elle se souvient encore de l'intense solitude qu'elle ressentait alors. Pour être sûre d'être tranquille, elle se cachait souvent au fond du poulailler.

À trois ans, sa grand-mère, ayant appris son existence, vint la chercher. Accueillir cette toute jeune fille la remplissait de joie et de gratitude. Elle avait eu dix enfants et son plus jeune fils de vingt-trois ans vivait encore avec elle. L'arrivée de ce nouvel enfant était pour elle une merveille. Pour Léa, ce fut un choc. Elle découvrit dans le même temps l'amour et le monde habité et magique. Le domaine était immense, fait de forêts, de vallées et d'étangs. Elle pouvait s'y promener à sa guise. Pour éviter qu'elle ne prenne des risques inconsidérés, la grand-mère lui parlait des esprits des lieux. Elle ne devait pas se pencher dans la mare pour ne pas être séduite par l'esprit de l'eau qui risquait de l'emporter. En lui parlant ainsi de fées et d'elfes, elle lui apprenait à faire attention aux diverses qualités du monde. Nous avons tort de nous demander s'ils existent ou non pour de bon et de prendre cela de haut comme de vulgaires superstitions, l'essentiel est de voir comment y faire ou non attention change notre rapport au monde et nous rend plus attentifs et vivants.

La grand-mère lui racontait l'histoire de chaque animal. Elle connaissait par exemple le caractère de chacune des vaches dont elle prenait soin. Elle n'aurait jamais laissé, comme on le fait aujourd'hui, les vaches dehors, durant la nuit.

Quand elle eut neuf ans, ses parents vinrent la chercher et l'arracher à ce monde, brisant en elle quelque chose – blessure dont elle ne s'est jamais remise. Sa mère l'a récupérée pour des raisons morales. Elle avait épousé son père et avait eu un fils avec lui. Il lui semblait inconvenant de ne pas inclure sa fille dans la famille. Mais, chaque fois qu'elle la regardait, elle la voyait comme le signe de son péché. Léa a toujours senti la haine de sa mère à son égard. Elle n'avait aucun désir qu'elle soit. Elle fut à nouveau plongée dans une immense solitude.

Un matin, partie avant le lever du jour, sur la pointe des pieds comme à son habitude, elle se retrouva dans un endroit nommé les Pins du Roi. Au moment où le jour se levait, elle s'évanouit devant la beauté et l'amour qu'elle voyait partout. Quand elle reprit connaissance, elle se trouvait dans les bruyères. Le monde était vivant. Elle savait désormais quelque chose qu'il serait difficile de nommer mais qui ne l'abandonnerait plus.

L'eau, les pierres, les arbres et les animaux étaient non

seulement vivants, mais c'était comme s'ils avaient un sentiment d'amitié envers elle. C'est ainsi qu'elle fit son éducation. Elle s'asseyait en divers endroits du domaine en faisant chaque fois attention à la manière dont cela changeait son état d'esprit. Au chêne, elle apportait en offrande des fleurs ou des fruits. Elle lui posait des questions et elle avait le sentiment qu'il lui répondait.

Le premier être dans lequel Léa put avoir confiance fut le grand maître tibétain Dilgo Khyentsé. La manière dont elle le rencontra est étonnante. Elle avait dix-huit ans et elle habitait dans l'ouest de la France. Elle avait trouvé dans un journal un petit texte mentionnant l'établissement d'un premier monastère tibétain en Dordogne. Elle en avait été intriguée, tant le monde tibétain, alors pourtant si peu connu et évoqué, l'attirait. Au même moment, elle rencontra un jeune homme qui revenait juste d'Inde. Il lui raconta combien ses échanges avec les Tibétains qui y séjournaient en exil l'avaient bouleversé. Elle lui parla aussitôt de l'article et lui proposa de se rendre dans le village qui y était mentionné. Ils prirent la décision d'y aller en auto-stop. Après avoir traversé une bonne partie de la France, ils arrivèrent dans le village. Ils entrèrent dans le seul café qui s'y trouvait et ils demandèrent : « Savez-vous où se trouvent les Tibétains ? » On leur désigna, pour seule réponse, une vague direction. Ils la prirent et arrivèrent à un endroit entièrement brûlé. Il ne restait que des drapeaux de prière tibétains. Sans doute, il était trop tard. Les Tibétains étaient repartis. Léa et son ami étaient déçus et tristes. Un chien et un chat vinrent alors vers eux. Comme ils tournaient autour d'eux, partaient pour aussitôt revenir, ils se dirent qu'il fallait sans doute les suivre. Il faisait sombre et la brume envahissait tout. Ils ne savaient plus où ils étaient. Léa fut prise d'intenses fous rires. Ils suivaient un chien et un chat à la recherche de Tibétains quelque part en Dordogne ! Finalement, ils arrivèrent devant un château. Ils frappèrent à la porte et ils virent un Tibétain. Il leur demanda ce qu'ils voulaient. Leur réponse l'ahurit. Mais sans rien dire, il les conduisit dans une salle vide où ils attendirent un long moment. Puis des gens divers entrèrent et leur demandèrent ce qu'ils faisaient là. Ils ne savaient que répondre, encore plus surpris que leurs hôtes. Or c'était le premier jour de la première visite en Occident d'un des plus grands maîtres tibétains du XXe siècle, Dilgo Khyentsé.

Dès qu'il apprit qu'ils étaient là, il demanda qu'ils viennent le rejoindre. Ils restèrent assis à ses côtés pendant des heures. Elle retrouvait en sa présence tout ce qu'enfant elle avait découvert – mais sur un plan plus vaste. Tout s'éclairait.

Dilgo Khyentsé montra ainsi à Léa que l'autre monde – le monde vivant, le monde libre de l'emprise de la métaphysique – est réel. Tous les autres avaient tenté de lui prouver le contraire. Mais le Bouddha venait affirmer le grand secret. Il ne révélait aucune vérité cachée mais une évidence sans cesse oubliée.

Alors que toute présence est, par la métaphysique, prise dans la glace d'une constance immuable, le Bouddha en laisse être la respiration qui l'anime. La présence, ainsi comprise, n'est pas différente de l'absence et n'a nullement besoin d'être instituée pour être. Elle ne dépend pas du temps, mais se dit dans les textes bouddhiques, *tathata*, l'ainsi, le fait que les choses soient comme elles sont. Pour nous aujourd'hui, il est impossible d'avoir accès à elles, sans mesurer l'emprise de la métaphysique et la légende du monde mort sur notre existence, sans travailler ardemment à nous en libérer, sans en détruire même l'emprise, avec ce que René Char nomme « des outils nuptiaux [1] ». Pratiquer la méditation et avoir un aperçu de la poésie nue ne suffit pas. La tâche qui nous échoit est beaucoup plus ardue. Nous devons gagner la terre du cœur, dans la patience la plus soutenue et la traversée de l'effondrement de toute parole par la métaphysique.

1. René Char, *Les Matinaux*, Paris, Gallimard, 1950, p. 81.

7

Découvrir son chemin de Cézanne

Au risque d'inventer sa vie

Il est temps que la pierre se résolve enfin à fleurir.

PAUL CELAN[1]

« Maintenant les gens veulent des expériences spirituelles personnelles et directes plutôt que des resucées d'expériences. L'instinct religieux est le même chez tous les êtres humains, mais les dogmes diffèrent considérablement. Et le dogme est, dans toutes les religions, l'obstacle à cet instinct spirituel, à cette intelligence primordiale. C'est un obstacle parce que les choses sont préfabriquées plutôt que juste expérimentées spontanément. C'est vrai du bouddhisme comme du christianisme, de l'hindouisme, du judaïsme, etc. », écrit Chögyam Trungpa[2]. J'ai lu très tard les Évangiles, je devais avoir plus de trente ans. Et j'en ai été bouleversé. Rien de ce que je voyais du christianisme, dans ma rencontre avec quelques prêtres, en allant dans les

1. Paul Celan, « Corona », in *Choix de poèmes*, trad. Jean-Pierre Lefebvre, Paris, Gallimard, 1998, p. 50 *sq*.
2. Chögyam Trungpa, *The Collected Work*, Boston, Shambhala Publications, 2005, t. III, p. 345.

églises, tout particulièrement pour des mariages ou des enterrements, ne m'avait laissé présager à quel point le Christ bouscule toutes les habitudes et conventions pour faire résonner le souffle le plus ardent. Chögyam Trungpa le dit de façon très simple. Les Églises courent le risque de séparer les hommes de l'ardeur la plus juste, de l'embrasement le plus nécessaire et des engagements les plus vivants.

Mais la plupart des penseurs occidentaux succombent eux aussi au même travers. Ils ont leurs schémas d'explication du monde. Ils sont, chacun à sa manière, leur propre Église dont ils deviennent les « grands inquisiteurs ». Selon eux, il y aurait d'un côté les détenteurs du capital et de l'autre les opprimés, d'un côté les pollueurs et de l'autre ceux qui veillent à l'avenir de la Terre, les réactionnaires et ceux qui sont pour le progrès, ceux qui pensent librement et ceux qui sont inféodés à une idéologie, etc.

Il m'a fallu bien des années pour comprendre que devenir « bouddhiste », au sens d'adopter une nouvelle identité, serait une trahison. Devenir le porte-parole de quoi que ce soit conduit à répéter une leçon apprise sans en éprouver la ressource. La poésie m'a sauvé du bouddhisme, qui était l'identité que j'étais en train de revêtir comme un vêtement d'ombre. Si la parole du Bouddha est vraie, autant l'oublier pour la redécouvrir chaque fois au vif de l'expérience. Ne jamais rien répéter simplement parce qu'on l'a entendu. Il faut être indomptable. Ne jamais céder. Ne jouer aucun rôle.

L'un des drames du XXe siècle est d'avoir voulu se libérer de la religion, de l'ordre moral, d'un univers hiérarchisé et inégalitaire pour instituer des règles plus arbitraires et criminelles. Très rares sont ceux qui montrent une autre voie : se confronter honnêtement à un temps où n'existe plus aucun point de repère fixe. Soutenir l'incertitude qui en découle. Accepter de ne pas tout savoir d'avance et laisser notre esprit et notre cœur ouverts. Explorer notre propre expérience. Ne pas avoir de grilles à partir desquelles on regarde et juge tout.

L'homme qui, en Occident, a pris acte de cette réalité de la manière la plus radicale et la plus intense n'est pas un philosophe ni un maître spirituel, mais un peintre. C'est Cézanne. Il n'était pourtant pas particulièrement bien parti. Il avait appris à peindre comme on le faisait au XIXe siècle. On suivait un ensemble de règles anciennes pour créer une illusion de réalité. Il y avait un code pour tout, la manière de peindre un homme, une femme, un paysage. On répétait les canons déduits de l'œuvre des anciens. Interdiction de mettre quoi que ce soit de ses sensations ou sentiments personnels. L'artiste était une sorte d'artisan technicien. Ce n'était plus vivant. La tradition avait perdu sa sève. C'était aussi ennuyeux que sinistre.

Puis Cézanne, au contact de son ami Pissaro, décide d'aller peindre directement dans la nature. Se ressourcer à l'épreuve du monde. Là, il commence à se libérer de ces canons dont parle Trungpa, de toutes ces règles qui filtrent notre expérience. Cela faisait longtemps que les peintres peignaient des paysages sans en regarder vraiment. Quelle libération d'emporter son chevalet pour peindre en plein air ! Pourtant, peu à peu, Cézanne se rend compte qu'il est en train de s'égarer. Cette solution n'est pas satisfaisante. Il abandonnait une prison pour une autre. Copier simplement la réalité telle qu'on la voit ne mène à rien. La peinture a une autre tâche.

Devant la montagne Sainte-Victoire, que Cézanne a tant de fois peinte, nous vivons une expérience bien plus ample que le simple enregistrement d'une vision. Pour lui être fidèle, Cézanne se lance dans une quête longue et extraordinaire qui a ouvert la modernité. Pour des générations d'artistes, il est le Moïse des temps justes. Il est « notre père à tous » selon Picasso, le « dieu de la peinture » pour Matisse, celui qui ouvre une nouvelle époque du monde. Les poètes, les philosophes, les musiciens apprennent leur métier en regardant ses tableaux. Il leur montre comment faire l'épreuve de l'écroulement de tous les canons et y découvrir une chance. Au lieu de se lamenter, il faut retrousser ses manches. On ne peut plus s'appuyer sur l'enseignement des religions, mais il est possible de faire confiance à notre instinct spirituel le plus profond.

Lorsque Rainer Maria Rilke, durant son séjour parisien, en 1905, découvre la peinture de Cézanne, il est bouleversé. Non parce qu'il a vu de beaux tableaux, mais parce qu'il a enfin trouvé une œuvre en résonance avec son temps, une œuvre qui ouvre un réel chemin. Presque tous les jours, il retourne la voir et témoigne de ses découvertes à son épouse restée en Allemagne dans des lettres magnifiques.

Il est triste de voir la manière dont on parle généralement d'art – un élément de la bonne éducation ou encore un produit culturel. Tout le débat sur la démocratisation de la culture est une façon de l'assassiner en en faisant un divertissement accessoire. Mais il faut se méfier tout autant de la manière dont les intellectuels parlent des œuvres, avec ce mélange de suffisance et d'érudition qui se répand sur tout ce qu'ils touchent et en tue toutes les ressources. Jamais Rilke ne lisait un texte critique. Il y insiste dans ses *Lettres à un jeune poète* : « Je vous adresse une prière. Lisez le moins possible d'ouvrages critiques ou esthétiques. Ce sont, ou bien des produits de l'esprit de chapelle, pétrifiés, privés de sens dans leur durcissement sans vie, ou bien d'habiles jeux verbaux ; un jour une opinion y fait loi, un autre jour c'est l'opinion contraire. Les œuvres d'art sont d'une infinie solitude ; rien n'est pire que la critique pour les aborder. Seul l'amour peut les saisir, les garder, être juste envers elles. » La peinture dit la vérité dont nous sommes assoiffés. Certes, ses effets ne sont pas mesurables et semblent pour cela sans importance. Comment comparer le chemin de Cézanne à une loi votée par le gouvernement ou aux résultats financiers d'une multinationale ? Et pourtant… on y est peut-être plus près de la vérité et de cette dignité sans laquelle nous ne pouvons pas vraiment continuer de vivre.

Aussi loin que je me souvienne, j'ai aimé la peinture et m'y suis senti chez moi, à l'abri des paroles qui tournent en rond et ne disent rien. Enfant, puis adolescent, je ne comprenais pas ce que la plupart des gens disaient et il m'a fallu beaucoup d'années d'efforts pour réussir à soutenir une conversation normale sans en être longtemps accablé. Pendant des années, chaque fois que je me retrouvais dans un groupe, quel qu'il fût, je me sentais mal. Les mots débités les uns à la suite des autres m'empêchaient de respirer. Je sentais bien que chacun se protégeait ainsi de l'ardeur qui pourtant, dans le fond de son être, l'animait. Quand j'ai eu treize ans, et que j'ai compris que la plupart des adultes ne diraient pas la vérité et seraient pauvres en tendresse, je me suis décidé à faire ce qui me rendait vivant : regarder la peinture. Et comme j'habitais près du Centre Georges-Pompidou, j'ai passé la plupart de mon temps dans le musée d'Art moderne. J'y marchais au hasard et j'attendais qu'un tableau me fît signe. Pendant des semaines, par exemple, j'ai regardé une à une chacune des œuvres de la dernière période de Kandinsky. Je me sentais chaque fois invité dans l'immensité du monde. J'étais lavé de la boue des mots et du manque de cœur. Voilà un endroit où l'on ne me mentait pas. J'ai appris peu à peu, ainsi, le sens de la vie. L'art, nous apprend Rilke, n'a pas d'autre raison d'être que de faire surgir l'essentiel dans la discrétion d'une conscience avertie. Et Cézanne a montré pour notre temps comment être fidèle à cet esprit.

Il met de côté tout le savoir pour se placer simplement devant le motif. Là, à la différence des impressionnistes, il ne se contente pas d'enregistrer ce qu'il voit, car il refuse d'être un simple œil. Les impressions que l'on peut éprouver ne lui suffisent plus, il travaille à abandonner les habitudes qui conditionnent son regard pour retrouver la profondeur la plus ample du monde.

Jusqu'à Cézanne, dans un monde traditionnel, le rapport au monde passe par le respect d'un certain nombre de règles qui orientent nos actions, nos jugements, nos expériences, selon des principes clairs. Que ce soit en peinture, par la perspective, en poésie, par l'alexandrin, en politique, par le régime monarchique.

Cézanne se rend compte qu'une telle approche n'est plus légitime. Ce n'est pas une décision personnelle. Il éprouve, de manière poignante, que ces règles ne nous mettent plus en rapport avec la réalité de manière suffisamment vivante. Ceux qui veulent les maintenir ne font que garder des cadavres en décomposition.

En peinture, l'ordre classique de la perspective apparaît comme arbitraire et forcé. Ceux qui tentent de le respecter ne font que des croûtes qui ressemblent certes de loin aux grands tableaux du passé, à Léonard de Vinci, à Titien ou à Rembrandt, mais qui sont, en réalité, privées de sentiment, de force et de vérité. Ceux qui veulent maintenir la monarchie peuvent bien préserver des figures pour la presse à scandale, mais nullement les gardiens d'un destin commun. Montrer les insuffisances de la démocratie ne suffit pas à la disqualifier à jamais.

Cézanne abandonne la perspective pour découvrir sur le vif la profondeur telle qu'on peut la vivre. Non pas une profondeur conçue mentalement, mais éprouvée pleinement, tactilement. Comme nous l'avons découvert par la description de la pratique de la méditation, rien de plus difficile que d'établir un rapport direct au monde. Si je me place devant une montagne, il y a très peu de chances que je réussisse à la voir sans y projeter toutes les idées que j'ai sur ce qu'est une montagne et la masse des images que j'en ai vues. Comment être face à elle comme si c'était la première fois ? Comment témoigner de la manière dont la montagne, loin de reculer et de s'aplatir, se dresse et vient à notre rencontre pour nous envelopper de sa majesté monumentale ?

Là où les peintres académiques apprennent un ensemble de règles permettant de construire un tableau de manière plus ou moins habile et savante, Cézanne choisit de se confronter à la réalité. Habituellement, on se dit : « C'est une montagne que je vois », « C'est une pêche que je mange »... Et l'on esquive l'expérience que l'on aurait pu en faire.

Cézanne, lui, ne sait plus rien. Il ne sait pas même la grandeur d'une montagne ou la forme d'une pomme. Et au lieu d'être accablé par cette absence, il y trouve une occasion unique de liberté. Puisqu'il n'existe aucun chemin déjà établi, cherchons à en dessiner un qui soit fidèle à ce que nous éprouvons.

Cézanne est pour cette raison le père de la modernité : avec lui, la tâche propre à chaque homme consiste à inventer son rapport à ce qu'il aime et rencontre. Rien n'est plus fixé une fois pour toutes. Un amandier, une vache, un nez peuvent devenir des occasions d'aventures singulières. Mais être un homme ou une femme, un ami ou un père, un peintre ou un menuisier, doit tout aussi bien être pensé à neuf – nullement cependant selon le caprice de chacun mais dans le souci d'être le plus respectueux de la situation et de sa vérité. C'est là la cause d'une terrible confusion : contrairement à une idée reçue, la modernité poétique ne nie pas la règle, mais son arbitraire qui s'impose comme norme absolue et rend, du coup, impossible un rapport vivant et sain à elle.

Cézanne, dans sa quête, découvre la ressource des couleurs. Le bleu, avant de devoir être posé sur la toile pour dire le ciel, a sa propre résonance unique. Il chante de sa manière unique. Cézanne lui donne droit et découvre combien les couleurs « remontent des racines du monde », qu'elles sont « le lieu où notre cerveau et l'univers se rencontrent ». Rilke en est profondément frappé, « comme si ces couleurs, écrit-il dans une de ses lettres, vous débarrassaient définitivement de toute incertitude. La conscience tranquille qu'ont ces rouges, ces bleus, leur véracité simple vous éduquent ; pourvu que l'on se montre parmi eux parfaitement disponible, on dirait qu'ils font quelque chose pour vous »[1]. Dans la peinture classique, nous percevons un ensemble de choses clairement définies. La couleur vient par-dessus les formes, de manière accessoire. Le cheval est un cheval avant même d'être peint en ocre ou en gris.

De plus, Cézanne découvre que l'espace n'est pas un simple contenant où les choses et les êtres prennent place – il est ce qu'il importe de montrer. Devant moi, il n'y a pas qu'un arbre, mais l'espace où il se trouve, la lumière dans sa modulation. Cézanne fait alors un saut fulgurant : il porte son attention sur l'espace à partir duquel les choses viennent en présence. Il peint l'unité de la présence et de l'absence, du visible et de l'invisible, ou pour le dire de manière encore plus précise, « ce qui vient en présence et la présence elle-même[2] ».

* * *

Rilke est bouleversé non seulement par l'œuvre de Cézanne mais aussi par la manière dont le peintre s'engage dans son travail. Il est pour cette raison même

1. Rainer Maria Rilke, *Lettres sur Cézanne*, *op. cit.*, p. 50.
2. Martin Heidegger, « Cézanne », in *Cahier de l'Herne, René Char*, Paris, Le Livre de poche, 1971, p. 283.

un modèle. Toute son existence, le poète y revient : « N'oubliez pas que c'est cette tâche à laquelle la volonté mâle et enragée de Cézanne s'épuisa pendant trente-cinq ans de sa vie, et que pour faire quelques pas seulement sur ce chemin de la passion, il a dû se détourner de tout, non pas avec dédain, mais avec l'héroïsme de quelqu'un qui choisit les apparences de la mort par amour de la vie[1]. » Voilà comment vivre. Et pour le jeune Rilke, cela ne fait pas de doute : nous devons tous découvrir notre propre chemin de Cézanne. Répondre à ce qui s'offre à nous. Devenir soi. L'idéologie actuelle de la compétitivité rend difficile d'entendre le sens d'un chemin car elle tend à tout uniformiser, à nous faire suivre des voies balisées d'avance. Un des slogans préférés de Chögyam Trungpa était : « Ne renonce jamais », « *Never give up* ». Il y aura toujours des obstacles, les sirènes des compromissions ne cesseront pas leur séduction – mais il ne faut pas renoncer. Jamais.

Voilà la leçon de Cézanne, trouver un chemin qui jamais ne nous écarte de ce qui importe pour nous. Lorsque, adolescent, j'allais regarder un tableau de Kandinsky de la même manière que Léa allait se promener dans les bruyères, je cherchais cette source où tout se réaccorde. Tant pis si nous nous trompons parfois. Osons. C'est la seule possibilité d'être fidèle au grand réel, à ce moment de vérité indiscutable où l'on se sent libéré de tout.

Donner une branche de bruyère ou une carte postale d'un tableau ne va aider personne à vivre une telle expé-

1. Rainer Maria Rilke, *Lettres françaises à Merline*, Paris, Éd. du Seuil, 1950, p. 81.

rience. Si nous n'entrons pas dans la vallée et si nous ne marchons pas sur le sentier, si nous n'allons pas dans la salle du musée nous mettre à l'épreuve du tableau, aucune porte ne peut s'ouvrir. Voilà le vrai secret. Voilà ce que m'ont appris les peintres et les poètes et que la méditation m'a permis de soutenir au moment critique où j'allais renoncer et croire ceux qui expliquent si savamment que cette quête n'est pas sérieuse.

Le chemin est ardu, difficile, car il demande de la discipline et de la persévérance. Mais ne pas le suivre, renoncer, c'est se condamner à faire semblant de vivre. Autrement plus important que de savoir bien pratiquer ou de comprendre les enseignements est de prendre sa vie au sérieux. Bien sûr, pour la plupart des hommes, quelqu'un qui suit le chemin de Cézanne, et qui passe son temps à peindre une montagne ou quelques pommes, est un fantaisiste, voire un doux dingue. Pour eux, réussir, c'est faire des études brillantes, se marier et avoir des enfants, un travail bien rémunéré, et partir en voyage dans des pays lointains. Cézanne est pris par un feu dont ils n'ont plus aucune idée. Toute son ardeur est consacrée à gagner, pas à pas, un peu de liberté bleue, un peu d'espace ouvert, un peu de présence. C'est lui le véritable héros. Chaque jour, nous devons nous méfier de notre tendance à la servitude volontaire. À ne plus faire confiance à ce que pourtant nous savons au fond de nous, à cette soif qui nous meut.

Cézanne révèle que tout chemin est d'abord éducation, c'est-à-dire nécessité pour l'homme d'entrer dans l'inconnu qui le grandit. En latin, *educere* veut dire « faire sortir » – quitter les certitudes étroites, les habitudes, pour pénétrer dans un monde que nous ne connaissons pas. Nous nous croyions incapables de chanter ou de dessiner, de lire un poème, de résoudre un problème mathématique – et nous voilà pourtant en train de le faire. De manière magnifiquement parlante, les Grecs pensent l'éducation comme le don du centaure Chiron. Le centaure est un être dont le corps est celui d'un cheval et la tête celle d'un homme. De cette double nature, le centaure reçoit la présence d'esprit et la profondeur du sens. L'art d'élever un être humain, nous dit ce mythe, ne peut pas avoir été inventé par l'homme car celui-ci ne connaît pas les obscures racines de sa provenance et il ne saisit pas non plus la lumière au sein de laquelle il se tient et est appelé à marcher. Seul un centaure peut nous montrer que nous sommes capables du meilleur et faits pour l'impossible.

L'une des fautes de notre temps est d'avoir restreint l'enseignement à l'acquisition de connaissance, d'informations et de savoir-faire. Qu'il y soit question du plus intime de notre être, de la possibilité de devenir homme, d'apprendre à être – voilà ce qui, pour le pire, est sans cesse oublié.

Lorsque j'enseigne, on me demande souvent des conseils, comme si j'avais toutes les réponses. Or dire à quelqu'un ce qu'il devrait faire, c'est le contraire de toute éducation. C'est l'empêcher d'être libre. Tel est bien le ressort de l'enfermement religieux. L'invitation du Bouddha vise d'abord à nous permettre de voir les choses telles qu'elles sont, à nous rendre toujours plus sensibles à ce qui est, à nous faire sauter dans le feu du ciel. À l'endroit où la vie brûle. Il ne faut pas tant répondre aux demandes des gens que les aider à rendre encore plus brûlant leur questionnement. Et même là où la tradition évoque la figure du maître spirituel – rien en lui ne vise à la soumission mais à l'amour qui féconde et libère.

Un jour que j'assistais à une conférence d'un psychiatre renommé, on lui demanda ce qu'il pensait de la spiritualité. Il expliqua qu'il était méfiant car, selon lui, elle conduit l'individu à se fondre dans le « grand nous » d'une communauté. L'essentiel lui semblait être au contraire la nécessité d'advenir à ce que nous sommes. J'ai été stupéfait par cette réponse car l'invitation spirituelle vise, en réalité, à nous libérer des habitudes de comportement et de la médiocrité des compromis pour oser l'inespéré. C'est sa seule raison d'être. Mais ce psychiatre mettait le doigt sur la réalité de la spiritualité comme elle est généralement vécue – et en vérité le plus souvent trahie. Chögyam Trungpa était très clair à ce sujet : « Certains disent que nous ne faisons qu'un et croient à l'universalité du pouvoir. À mon sens, tout ça n'est que l'expression d'une frustration chez des gens incapables d'accepter leur propre individualité. C'est la raison pour laquelle ils désirent se conformer aux règles d'une vaste organisation. [...] Sur le plan spirituel comme sur d'autres plans, nous ne faisons pas confiance à notre individualité. C'est l'un de nos problèmes les plus graves. Notre préférence va à une figure monolithique, un principe directeur coulé dans le béton[1]. »

J'ai compris que si je voulais continuer à enseigner, la tâche principale qui serait la mienne serait d'inviter chacun à marcher sur le chemin de sa *propre* excellence – nullement de dispenser un enseignement normatif ou

1. Chögyam Trungpa, *East-West Journal*, septembre 1974, p. 17.

de donner des conseils au petit bonheur la chance. Lorsqu'on regarde un être humain, il est tellement merveilleux de percevoir comment il pourrait trouver son chemin de Cézanne, par où la grandeur s'appelle à lui. Mais nous sommes si profondément endoctrinés par le règne de la culpabilité, la nécessité d'être toujours plus efficaces et par les faux accomplissements, que toute affirmation de nos qualités nous semble de la flatterie. Nous sommes aveugles à nos propres ressources.

L'enseignement doit pour cette raison révéler la grandeur en chaque être – par où chacun est appelé à être un Bouddha. C'est une des seules manières de permettre aux hommes de se détendre, de cesser la lutte qui les étreint sans leur laisser de répit.

Chögyam Trungpa n'était pas arrivé aux États-Unis depuis trois ans que déjà il commençait à évoquer avec ses étudiants la possibilité de fonder une université où les enseignements bouddhistes et les traditions intellectuelles et artistiques d'Occident pourraient se retrouver – où le sens de l'éducation soit porté à un véritable accomplissement. Présentant son projet, en juin 1974, Trungpa expliqua : « L'idée de fonder l'institut Naropa provient de l'idée de travailler à partir de ce qui existe dans ce pays, mais aussi des autres traditions de par le monde… Le point fondamental ici est que nous pouvons travailler ensemble, nous pouvons nous relier les uns aux autres sur la base de la *confiance* – dimension qui semble terriblement déficiente dans la tradition éducative occidentale[1]. » Chögyam Trungpa invita pour l'été

1. *Ibid.*, p. 20.

un aréopage d'artistes, d'intellectuels, d'historiens, de psychologues, dont Allen Ginsberg, Gregory Bateson, Gary Snyder, Anne Waldman, Ram Dass, John Cage, Herbert Guenther, Stanislov Graf. À la surprise générale, ce ne fut pas quelques centaines d'étudiants qui vinrent, mais plus de mille trois cents. Ce fut un événement considérable : « Pratiquement du jour au lendemain, Boulder attira comme un aimant tous ceux qui cherchaient enseignement, excitation et promesse... On y trouvait un mélange étonnant d'étudiants d'université, de lettrés, de scientifiques, d'artistes, de thérapeutes, de danseurs, de directeurs de département, de musiciens, de femmes au foyer, etc. La première semaine semble tout entière emplie d'une sorte d'incrédulité joyeuse devant le fait que Naropa était réellement en train d'advenir[1]. »

Chögyam Trungpa décida de présenter les traditions poétiques et spirituelles, scientifiques et politiques, grecques et chrétiennes, orientales et juives. On ne pouvait mieux signifier le sens de son engagement dans ce monde : permettre aux hommes de trouver leur chemin d'excellence, de retrouver un rapport à la tradition en les vivifiant par la pratique de la méditation.

J'avais sept ans en 1974 et je n'ai pas été témoin de cet étonnant événement. Mon éducation a pris une tout autre voie. Comme je l'ai raconté, elle s'est faite en grande partie auprès de François Fédier, qui est l'homme qui m'a ouvert aux traditions d'Occident. Il semblait à l'aise avec toutes. Qu'il parle de poésie, d'histoire, du monde juif – dont il était un si subtil connaisseur – ou musulman, il en montrait les bourgeons de

1. *Ibid.*, p. 23.

vérité. Comme c'est étrange ! Il faut à la fois retrouver un rapport vivant à la tradition et « être absolument moderne ». Impossible de lâcher une seule de ces deux exigences sans se perdre. Telle est la grande leçon de Cézanne. Chögyam Trungpa l'a suivie. Il présente la tradition bouddhiste d'une manière très précise, et il semble tout inventer à chaque instant.

« Sachez, écrit Rilke, que m'est incompréhensible ou indifférente toute piété qui n'invente pas, qui répète, qui s'accommode de ce qui est, à grand renfort d'espérance et de résignation. La relation à Dieu suppose, comme je la comprends, une productivité, et même une sorte de génie inventif que je dirais au moins à usage privé, même s'il ne convainc pas autrui ; un génie que je puis imaginer poussé au point qu'on en arrive à ne plus comprendre le sens du mot Dieu, même en se le faisant répéter dix fois, rien que pour le redécouvrir à neuf, quelque part à son origine, à sa source[1]. » Si Rilke a évidemment raison, s'imaginer que nous pourrions, du coup, nous appuyer sur nos seules forces est une grave illusion. Les élucubrations égocentriques de tant d'artistes actuels sont aussi nulles que celles de leurs ancêtres académiques – qui au moins avaient du métier. Sur cette même arrogance aveugle provient l'émergence d'une spiritualité à la carte. Pour soi-disant éviter les enfermements identitaires, chacun bricole son kit. Cette attitude est vouée à l'échec. Si les institutions tuent l'esprit, ne rien faire d'autre que suivre ses impul-

1. Rainer Maria Rilke, lettre à Marlisse Gerding, in *Œuvres III*, *op. cit.*, p. 163.

sions et caprices – quel que soit le nom qu'on leur donne – n'est nullement préférable.

Si quelqu'un est animé d'une foi vivante pour le Christ, il n'est pas insensé d'aller dans les églises, de suivre la messe et de pouvoir communier. Certes, cela ne peut suffire et peut aisément tuer l'inspiration première. Mais le danger de s'enfermer dans les méandres de ses émotions et de ses constructions intellectuelles est bien plus grave encore. C'est un des grands égarements de notre temps. En vérité, toute tradition authentique peut réussir à nous déplacer pour le meilleur. Surtout si l'on se souvient que, dans son sens véritable, la tradition est en rapport avec cette source que j'ai évoquée. Aucune institution ne peut se l'approprier sans la perdre. Parfois, elle la défigure au point de la détruire tout à fait. Mais souvent, parfois malgré elle, elle en transmet le souffle. Un baptême, une initiation peuvent, malgré les circonstances adverses et confuses, être pour nous l'occasion d'une nouvelle naissance, et nous permettre d'entrer plus avant au cœur de notre être.

Cette situation est inconfortable. Aucune garantie que nous soyons dans le bon chemin n'existe. Je connais des cursus universitaires et des centres de méditation qui sont des lieux de perdition. Des lieux d'endoctrinement identitaire qui coupent leurs membres de leurs inspirations véritables. Le bouddhisme tibétain, conscient de ce piège inhérent à toute institution, a inventé la notion de *tertön*. Puisque l'institution fige la source, il a pensé la possibilité que des êtres humains entrent directement en contact avec cette dernière, sans passer par aucune médiation. Le *tertön* est l'homme qui, brûlé d'amour, brûlé par l'espace de la présence, par l'appel du Bouddha, par les hommes et leurs faiblesses, leurs hésitations et leur beauté, découvre des manières neuves de dire. Il découvre, généralement par l'intermédiaire du féminin, de l'intuition nue et percutante, dans les rochers, dans les cavernes, dans le ciel, les lacs ou même son esprit, les signes d'Orphée-Padmasambhava qui nomment un chemin pour l'aujourd'hui. Grâce à lui, la tradition est sauve. Seuls les *tertöns,* poètes et hommes libres, peuvent encore nous aider aujourd'hui – car ils sont tout à la fois, comme Chögyam Trungpa en témoigne, au plus près de la tradition et absolument modernes. En dernier ressort, seuls les poètes nous permettront d'être en rapport au sacré parce que eux seuls nous rendent vraiment libres.

8

Tout ce qui ne me tue pas me rend plus fort

Comment survivre aux crises et entrer dans l'inconnu

Enfin, ô bonheur, ô raison, j'écartai du ciel l'azur, qui est du noir, et je vécus, étincelle d'or et de la lumière nature.

Arthur Rimbaud[1]

Dans la vie si émouvante de Nietzsche, émouvante au plus haut point, sa relation avec Wagner est un moment étonnant et déchirant. Nietzsche est un tout jeune homme de vingt-quatre ans qui vient juste d'être nommé professeur à Bâle quand il découvre Richard Wagner, en 1868. Le musicien, qui a soixante ans, commence à connaître un immense succès. Nietzsche, passionné par la musique à laquelle il s'adonne, est bouleversé par son œuvre. Il réussit à rencontrer Wagner et ce dernier le reçoit chez lui et l'accueille chaleureusement. Cette première visite, dira Nietzsche, fut l'un des événements les plus heureux de sa vie : « Cela faisait si longtemps que je cherchais un homme. » Ils sont très vite proches et Nietzsche vient souvent lui rendre visite.

1. Arthur Rimbaud, *Une saison en enfer*, in *Œuvres complètes*, Paris, Gallimard, coll. « Bibl. de la Pléiade », 1972, p. 110.

Il est frappé par le personnage, qui incarne à ses yeux la grandeur, au point de le conduire à écrire alors à l'un de ses amis : « Schopenhauer et Goethe, Pindare et Eschyle vivent encore, crois-moi. »

Il se met à composer un livre qui montre l'unité de vision propre à la Grèce et à Wagner. Nietzsche voit en Eschyle l'homme qui a su transposer les mystères dionysiaques en tragédies, fondant ainsi la civilisation grecque. Or ce qu'Eschyle proposait au peuple d'Athènes, Wagner l'offre à présent au peuple allemand. Wagner est impressionné par la publication de *La Naissance de la tragédie par l'esprit de la musique* et écrit : « Je ne saisis pas, pour ma part, comment il m'a été donné de lire une chose semblable. » Il le défend ardemment quand l'ouvrage est attaqué. Ce jeune compagnon si pur et si ardent a touché le vieil homme.

Nietzsche est invité, avec quelques rares privilégiés, à la première exécution de *Siegfried Idyll*, composé pour l'anniversaire de Cosima, l'épouse de Wagner et fille de Liszt et de Marie d'Agoult, le 25 décembre 1870.

Mais, peu à peu, Nietzsche, porté par son honnêteté absolue, la brûlure – qu'il ressent comme personne – de la servilité et du ressentiment qui s'impose partout, est mal à l'aise. Wagner n'est pas celui qu'il croit. Il avait espéré que le musicien allait réussir une œuvre aussi unitaire que la tragédie grecque, or, au contraire, Wagner utilise la musique dans un dessein qui lui est extérieur. Elle n'est pas l'espace qui rassemble les hommes dans la grandeur d'un dessein. Elle est un outil au service d'un nationalisme contre lequel Nietzsche s'insurge toujours plus violemment, car il ne peut en rien unir les hommes. Et, pire que tout, à partir de *Parsifal*, Wagner s'engage dans la sanctification de la morale chrétienne quand il s'agit au contraire de s'en délivrer. C'est le retour aux anciennes croyances les plus délavées et vagues : « Richard Wagner, écrit Nietzsche dans *Le Gai Savoir*, désirait une grande culture pour y trouver une place à son art – mais la nouvelle pensée lui faisait défaut. De la sorte il en vient à emprunter de tous côtés : en dernier lieu des sentiments chrétiens, non pas pour autant des pensées chrétiennes. »

La musique de Wagner lui semble bien trop hypnotique pour donner la clarté nécessaire dont il sent l'urgente nécessité pour surmonter le nihilisme qui ravage l'Occident. Wagner se trompe de direction. Il invite à se fondre dans la musique, à nager dans sa crue irréversible, là où le sens le plus pur de la musique est d'être en rapport avec la danse, au rythme et à la lucidité.

Pendant quelque temps, Nietzsche, malheureux, n'ose pas avouer ce qu'il pense et ressent. Et ce d'autant plus que Wagner manifeste envers lui une tendresse profonde. Il l'invite régulièrement et, sachant ses douleurs physiques, va même jusqu'à préciser dans une des lettres qu'il lui adresse : « Nous organisons notre maison ici de façon que nous y avons pour vous une place telle que jamais on ne m'en a offerte dans les moments les plus difficiles de ma vie ; vous devriez venir y passer toutes les vacances de l'été. » Nietzsche fuit et élude la rencontre.

Pendant ce temps, grâce à un don inespéré d'un million par Louis II de Bavière, Bayreuth est sauvé et Wagner se prépare à y donner les premières représentations de la Tétralogie. Tous les amis de Nietzsche ne parlent que de cela. Nietzsche se demande s'il doit s'y rendre, et il est alors assailli de douleurs, insomnies, migraines, crampes d'estomac, vomissements. Il se met à écrire sur Wagner la quatrième Inactuelle, où il révèle, non sans ambiguïté, sa pensée : « Wagner n'est pas le prophète d'un avenir, comme nous pourrions être tentés de le croire, mais l'interprète et le glorificateur d'un passé. » Le compositeur ne perçoit pas la rupture et invite chaleureusement Nietzsche aux représentations du premier été de Bayreuth. Celui-ci s'y rend à l'été 1876 et assiste à toutes les représentations. « La majesté d'un créateur en qui l'humanité trouvait son point culminant se révélait brutalement n'être que du théâtre – et pas du meilleur. Son public, surtout, en trahit toute la théâtralité – cette foule bourgeoise avec son manque de pudeur et de discrétion[1]. » Nietzsche est déçu, tout cela n'est qu'une foire. « La religiosité, quand elle n'est pas soutenue par une pensée claire, soulève le dégoût. »

La nécessité de rompre lui déchire le cœur. Nietzsche prend congé du héros de sa jeunesse, objet de son enthousiasme le plus fervent. Mais que faire d'autre ? Wagner s'est égaré, le sens de l'art n'est pas de se substituer aux réalités de la vie, à servir de refuge. La religion de l'art telle qu'il l'incarne est une impasse. Elle peut bien toucher, émouvoir, receler de grandes beautés,

1. Heinrich Mann, *Friedrich Nietzsche*, Paris, Le Promeneur, 1995, p. 45.

mais Nietzsche veut s'engager dans un travail bien plus décisif.

Dans toute son œuvre, Nietzsche revient sur Wagner et le déchirement de la séparation. Dans *Ecce Homo*, repensant à cette crise, moment crucial de son existence, il la comprend comme une rupture des liens de la vénération qui l'avaient trop longtemps rendu aveugle à la tâche de son existence, qu'aucun autre que lui ne pouvait assumer. Est-il possible à un homme d'avoir un maître sans s'y perdre, sans chercher auprès de lui à se protéger de la tâche nécessairement unique qui doit être la sienne ?

La disparition du Tibet

À son adolescence, tout ce qui constitue la pérennité du monde où vit Chögyam Trungpa s'effondre. Les communistes chinois envahissent progressivement le Tibet et mettent en œuvre l'éradication du bouddhisme, considéré par eux comme un poison qui s'oppose au progrès social dont ils se veulent les propagateurs, au triomphe du marxisme et de la technique dont ils seront désormais les ouvriers. Tout ce à quoi Chögyam Trungpa croit, ses convictions les plus profondes, tout ce qu'il a reçu est nié. Impossible de continuer la tâche pour laquelle il a été formé, qu'il veut soutenir.

La tête de Chögyam Trungpa est mise à prix et ce jeune homme d'à peine vingt ans, éduqué avec des principes d'un autre temps – sans la moindre connaissance de la situation géopolitique du monde moderne –, est livré à lui-même. Même s'il est alors reconnu comme une autorité spirituelle d'exception, il n'est pas du tout préparé à relever les défis auxquels il a à faire face.

L'intendant de son monastère essaie de le convaincre de ne rien faire, de ne pas bouger, car tout va finir par s'arranger : « On trouvera bien un compromis avec les communistes. » Mais le temps presse et chaque jour le filet se referme. Le monastère est détruit, des moines sont mis à mort, la tombe du dixième Trungpa est profanée. Seul, isolé, il décide de s'enfuir pour l'Inde. C'est un choix déchirant. Comment se résoudre à abandonner son pays, ses proches, cette terre où tant de saints ont vécu ?

Chögyam Trungpa accepte de tout perdre.

Au prix d'une marche qui durera plusieurs mois, dans des conditions extrêmes, il traverse le pays. Les militaires chinois gardent les cols, les routes importantes et les voies d'accès. Il est forcé de monter au sommet des montagnes, et souvent de voyager de nuit en bravant les températures les plus basses. Au fur et à mesure que les gens apprennent son départ, beaucoup veulent se joindre à lui, si bien qu'il se retrouve à la tête d'un groupe de plusieurs centaines de personnes. Il les conduit au bord du Brahmapoutre, sur l'autre rive duquel se trouve la liberté. Là, ils se divisent en petits groupes pour traverser le fleuve. Nombre d'entre eux sont capturés, et seuls quelques-uns, dont Chögyam Trungpa, réussissent à gagner l'Inde.

La solitude de l'Écosse

Après quelques années en Inde, ayant obtenu une bourse, Chögyam Trungpa part en 1963 avec un de ses amis, Akong Rinpoché, pour Oxford. On leur confie, en avril 1967, un centre en Écosse, qu'il nomme Samyé Ling, du nom du premier monastère bouddhiste établi au Tibet au VIIIe siècle. Ce nom en dit long sur son ambition. Faire de l'Angleterre, de l'Europe, le sol vivant de la parole du Bouddha. Mais, comme la plupart des Tibétains, Akong Rinpoché veut surtout reconstruire en Écosse un monastère semblable à ceux de son pays natal et reprendre sa place de chef religieux.

Très vite la situation tourne au vinaigre. Chögyam Trungpa se sent mal à l'aise. Son ambition est tout autre et l'attitude d'Akong lui semble malhonnête. Akong ne dit pas la vérité et joue un personnage. Il est indispensable, comprend Chögyam Trungpa, de faire entièrement confiance aux Occidentaux, de parler leur propre langue et de construire avec eux, sur cette base, un bouddhisme d'Occident. Il ne faut surtout pas répéter le passé, reconstruire un Tibet en exil, qui sera forcément de pacotille, mais prendre appui sur la situation nouvelle. Le Tibet qu'ils ont connu enfants est mort. Vouloir le conserver est un projet voué à l'échec.

En réalité, suivre un tel dessein, c'est créer une fiction du Tibet, un rêve, qui pourra fasciner quelques Occidentaux en mal d'exotisme, mais qui nie l'essentiel. Le conflit devient de plus en plus violent : « La jalousie et le ressentiment d'Akong en vinrent au point qu'il décida d'opérer la saisie des sceaux historiques des Trungpa et de s'emparer de mes biens personnels. Pour faire bonne mesure, il m'informa que je n'avais plus le droit d'utiliser le papier à en-tête de Samyê-ling. Il mit en œuvre un arsenal de subtils stratagèmes, avec l'appui d'un groupe de conspirateurs, qu'il méprisait d'ailleurs profondément, en vue de me faire considérer comme un renégat. » Ce passage que Chögyam Trungpa avait écrit dans l'épilogue de son livre *Né au Tibet* fut supprimé dans la réédition américaine de 1985, en signe d'apaisement. Il reflète la violence qui surgit de l'opposition farouche entre deux conceptions inconciliables du message du Bouddha, de la responsabilité de maître de méditation et, plus fondamentalement, de ce que veut dire exister pour un être humain.

Pour Chögyam Trungpa, il est absolument nécessaire de connaître le monde et de s'ouvrir, sans condition, à la souffrance qui y réside. Il faut plonger en elle, sans aucune hésitation ou peur, afin de la comprendre et de pouvoir la guérir. Akong lui semble être « l'avocat de la duperie, nécessaire, selon lui, pour créer un climat d'insondabilité qui permet de réduire les gens à merci[1] ». Il refusa de continuer à le suivre et se retrouva alors dans une complète solitude. Tout le monde le prenait pour un fou. Dans un poème de cette époque, il écrit :

> Sans père, demeurant sans cesse en terres étrangères,
> Sans mère, sans entendre la langue de mon propre pays,
> Sans ami, les larmes ne pouvant apaiser ma soif,
> Dans le souvenir des guerriers des lignées paternelle et maternelle,
> Je vis, solitaire[2].

Que faire ? L'avenir semble bouché. En mai 1969, au moment le plus aigu, il a un accident. Sa voiture défonce la devanture d'un magasin de farces et attrapes.

1. Chögyam Trungpa, « Postface », in *Né au Tibet*, *op. cit.*, p. 321.
2. Id., *The Rain of Wisdom*, Boston, Shambhala Publications, 1989, p. 289.

Il est plongé dans le coma pendant quelques jours. À son réveil, il découvre qu'il est paralysé de la moitié du corps, mais que son esprit, malgré la douleur, est très clair. Il prend aussitôt conscience, selon ses propres mots, de « l'humour inhérent à la situation » et comprend qu'il lui faut aller de l'avant. Il doit accepter de ne plus avoir de vie privée. « Plus question pour moi de me cacher derrière une robe de moine, créant de la sorte une espèce d'aura insondable[1]. » Cette décision est définitive et, malgré toutes les pressions qu'il subit, il ne l'abandonne plus. « J'ai pris la décision de quitter la robe qui, je le sentais, faisait subtilement obstacle à la formulation de mon enseignement à l'Ouest. La robe de moine devenait source de confusion pour nombre de personnes, apparaissant comme une image glorieuse et lointaine de la spiritualité. Or mon enseignement a trait à l'expérience actuelle. Je ne crois pas que j'aie à me cacher derrière quelque chose, quoique certains me critiquent pour le fait que je me déclare ouvertement et me montre comme être humain[2]. » Il prend alors la décision de se marier et épouse une jeune fille de seize ans, Diana.

Ceux qui l'ont vu alors notent que quelque chose se transforme en lui. Il cesse d'être le lumineux et accueillant maître tibétain qu'il était jusqu'alors. Fort de sa décision de ne plus faire aucun compromis, il irradie désormais une énergie d'une puissance impitoyable.

D'une façon surprenante, et étonnamment nietz-

1. Id., « Postface », in *Né au Tibet*, *op. cit.*, p. 320.
2. Chögyam Trungpa, cité *in* Diana J. Mukpo, « My Marriage to Chögyam Trungpa », *Shambhala Sun*, septembre 2002, p. 95.

schéenne, il a toujours considéré que cet accident a été une chance. Dans une lettre écrite aux États-Unis dans les années soixante-dix à une étudiante qui venait, elle aussi, d'avoir un accident de voiture, il confie : « Comme vous le savez, j'ai eu un accident similaire [au vôtre]. Bien que ce type d'expérience soit extrêmement chaotique, il ne semble pas entièrement dépourvu de compensation. Dans mon cas, cela semble avoir été le point où ma vie a changé de direction – je me suis marié, je suis venu dans ce pays et j'ai établi des centres d'enseignement. Rétrospectivement, il semble que ce soit de l'époque de cet accident que date le début de mon bonheur. »

Dans l'immensité des États-Unis

N'ayant plus nulle part où aller en Angleterre, son fils lui ayant été arraché par Akong et ses biens confisqués, il se rend aux États-Unis. Là, Chögyam Trungpa doit tout recommencer : « Après la Grande-Bretagne, se retrouver en Amérique du Nord, c'était aller d'étonnement en étonnement. Les gens se parlaient et se comportaient les uns envers les autres de telle manière qu'on se serait cru au milieu de dix mille chevaux sauvages. Et pourtant, je me mis à nourrir un grand respect à l'égard des Américains[1]. » Dans ce pays, il fonde la plus importante organisation bouddhiste de son temps, Vajradhatu, établit une université, fonde des écoles, présente son travail dans des musées. Il est porté par une urgence d'ensei-

1. Chögyam Trungpa, « Preface », in *First Thought, Best Thought*, Boston, Shambhala Publications, 1983, p. xx.

gner qui ne lui laisse aucun répit et le conduit, sans cesse, à se remettre en question, à trouver de nouvelles approches.

Étrangement, quand on regarde tout cela avec le recul de plusieurs décennies, frappe la cohérence surprenante de ses voies diverses, et ce qui semble encore à beaucoup comme une suite de renouvellements et d'abandons dessine en vérité, d'un geste sûr, le contour nécessaire à qui voudra, aujourd'hui, présenter pour de bon un bouddhisme vivant.

S'exposer aux quatre saisons

La vie de Chögyam Trungpa est une suite d'événements souvent difficiles. Mais n'en est-il pas de même pour tous ceux qui tentent de vivre quelque chose d'important ? Dans une lettre de 1922, au poète Rainer Maria Rilke, sa bien-aimée Lou Andréas-Salomé lui écrit : « Il n'est donné de sentir vraiment ces heures solaires qu'aux êtres tels que toi : à ceux qui risquent, qui ne cessent de s'exposer et pour qui chaque saison, à tout instant, peut basculer de l'absolue cécité de l'hiver à la lumière[1]. » Si vous voulez une existence facile débarrassée de tous problèmes en pensant qu'alors vous trouverez la paix – vous ne ferez que tuer la vie en vous. C'est souvent dans les crises, en acceptant de les traverser, que s'ouvre la possibilité d'un autre rapport au monde que nous n'avions pas vu jusqu'alors. La grandeur de Rilke est à la mesure de son courage à

1. Rainer Maria Rilke – Lou Andréas-Salomé, *Correspondance*, Paris, Gallimard, 1985, p. 412.

traverser les orages : à soutenir l'effroi qu'il éprouva lors de son séjour dans la grande ville parisienne, et surtout l'effacement, durant la Grande Guerre, d'un rapport possible à la poésie.

Chögyam Trungpa a vu nombre de ses efforts réduits à néant. Il ne s'en est jamais découragé. Sa vision n'en a jamais été atteinte. Elle est restée toujours inentamée. Mais quel destin ! Devoir toujours rebâtir pour mieux répondre à la nécessité du temps !

Au Tibet, il se décide à fonder un séminaire pour transmettre l'enseignement du Bouddha en dépassant les oppositions entre écoles rivales. Il veut qu'il soit ouvert à tous, y compris aux moines extérieurs à son monastère. Les anciens s'opposent à lui et à son projet qu'ils jugent trop ambitieux. Alors même qu'il est un tout jeune homme, il leur répond : « Même si les communistes détruisent tout, les germes de la connaissance dans nos cœurs ne peuvent être détruits. Même si nous construisons aujourd'hui et si notre construction est détruite demain, je ne regretterai pas la dépense. Ce serait un bien plus grand regret si nous thésaurisions et si ce que nous avons épargné nous était enlevé sans qu'aucun progrès n'ait été fait dans la compréhension spirituelle de notre peuple[1]. »

En Écosse, comme nous l'avons vu, il fonde un centre dont il est chassé et se retrouve sans un sou, sans nulle part où aller.

Au cœur même de son enseignement, Chögyam Trungpa invite cette énergie qui appelle à tout mettre en jeu, à tout risquer. Il n'a pas cessé de laisser se

1. Chögyam Trungpa, *Né au Tibet*, *op. cit.*, p. 136.

défaire tout ce qu'il créait, pour avoir à inventer de nouvelles voies. Sitôt après avoir organisé une grande conférence sur le théâtre d'avant-garde en 1972, qui rassemble la plupart des troupes renommées du pays, après avoir écrit lui-même des pièces de théâtre et enseigné cet art, il abandonne le sujet, se consacrant à d'autres tâches. Chaque année ou presque, sa manière d'enseigner se transforme, explore de nouvelles voies. Il fait penser en ce sens aux grands artistes modernes qui ne peuvent pas se contenter de répéter le même travail, mais toujours, sur le fil du rasoir, tentent de trouver de nouvelles manières de dire.

Chögyam Trungpa ne s'est donc jamais plaint de voir se détruire ce qu'il venait de bâtir – pour lui, c'était chaque fois une nouvelle occasion de montrer autrement l'ampleur de son inspiration.

* * *

Voilà le vrai défi.

Je me suis souvent demandé au cours des années ce que voulait dire être « fidèle » et à quoi nous devions l'être. Y répondre est la tâche la plus nécessaire pour chaque être humain. N'est-ce pas cette question qu'a dû se poser Nietzsche face à Wagner ou Chögyam Trungpa face à Akong – même s'il est impossible de comparer les enjeux et les contextes ? Akong n'est en rien Wagner !

Nous aussi, même si c'est de façon modeste, nous devons, à un moment dans notre vie, nous décider. À quoi allons-nous choisir d'être fidèles ? Sur le moment, rien n'est clair ou simple. Les points de vue contradictoires s'affrontent en nous. Tel est sans doute le premier signe que nous traversons une crise. Rien ne tient plus. Nous ne savons plus où nous en sommes. La terre se dérobe sous nos pieds. Nous ne pouvons plus distinguer entre l'essentiel et l'accessoire, la facilité et l'entêtement, tant certains détails prennent une importance disproportionnée.

Je me suis longtemps demandé à quoi je devais être fidèle. Certes, à Chögyam Trungpa. Il m'a montré comment ne pas se laisser étouffer par l'angoisse et la dépression et comment ne jamais renoncer. Grâce à lui, la détresse de mon adolescence qui me laissait comme dans une prison de glace a fondu. Son enseignement a ouvert le monde comme ces fleurs de papier japonaises que l'on met dans l'eau et qui s'épanouissent aussitôt dans des plis de mille couleurs.

Plus important encore, j'ai éprouvé la solidité de ses perspectives et de sa vision. Lui seul a *surmonté* le bouddhisme au point de devenir un véritable auteur, à l'instar de Rilke ou de Nietzsche. Son œuvre est le rempart contre toute tentative de le rigidifier, d'en faire une momie ou l'objet d'un culte. Une œuvre s'étudie, s'interprète, se questionne et nous questionne. On ne peut idolâtrer que des statues.

Or, au fur et à mesure des années, je ne me reconnaissais plus dans l'organisation qu'il avait fondée et dans laquelle je m'étais engagé. On considérait que lui être fidèle, c'était être fidèle à cette organisation. Non seulement cette injonction me semblait dangereuse mais l'écouter me faisait trahir tout ce que j'avais reçu et compris tant elle était figée et oublieuse de son projet.

J'enseignais et j'étais, pour ce faire, invité dans de très nombreux centres de méditation. Ma situation était confortable. On respectait mon travail. Fallait-il abandonner ce que j'aimais tant ? J'avais consacré tous mes efforts à apprendre l'enseignement de Chögyam Trungpa et à le transmettre. Devais-je y renoncer ? Ne plus enseigner ? Laisser ce monde auquel je m'étais entièrement consacré ? Me couper de lui ? Ces questions me taraudaient et je me sentais très mal.

Un jour, je me suis retrouvé à devoir diriger un séminaire pour les futurs enseignants européens de cette organisation, et l'hypocrisie, le manque réel de sérieux, la trahison de tout ce qui me semble décisif me sautèrent au visage. Tout était faux. Et les efforts que je tentais de faire pour être gentil et arranger les choses m'empoisonnaient. Impossible de continuer plus avant. La situation ne tenait plus d'elle-même. Je n'avais plus rien à faire là. Ne pas le reconnaître ne pouvait que me conduire à me trahir, à trahir tout ce que j'avais toujours cherché à saluer, à respecter, à préserver et à transmettre.

Comment marcher dans les pas du maître de la fêlure par où l'Ouvert vient vous toucher, vous réveiller, ouvrir le monde, si je n'osais pas dire la vérité ? Je fis à cette occasion l'épreuve de mes démons avec une vivacité que je n'avais encore jamais éprouvée.

Je suis alors parti en retraite pratiquer intensément. Au début, j'essayais d'éviter d'affronter mon propre désarroi. J'étouffais l'ampleur de la vie. Tout devenait terne. Je pratiquais pour essayer de correspondre à l'image du méditant idéal. Les enseignements le disent bien, nous n'avons en réalité pas le choix : il nous faut nous ouvrir à la réalité, si inconfortable qu'elle soit, ou fabriquer notre petit univers de consolation. Découvrir l'immensité de la vie ou nous fermer à elle.

Je sentais de plus en plus violemment que mes efforts tournaient court. M'est alors apparue la raison profonde qui a conduit Chögyam Trungpa à s'engager dans la modernité poétique, à refuser toute présentation convenable des enseignements : la vérité ne peut que faire effraction. On ne peut pas la propager. Elle doit venir nous réveiller, nous appeler à ouvrir notre cœur. Suivre les nouvelles instructions qui remplaçaient celles que Chögyam Trungpa avait présentées, comme je m'y essayais, en visant à nous protéger de toute intensité, me faisait tourner le dos à cette vérité.

Peu importe si je perdais tout. Je devais l'accepter si je voulais rester fidèle à l'étoile de l'enseignement que j'avais reçu. Je devais quitter l'organisation et ne plus faire de compromissions. J'ai eu l'impression qu'on m'arrachait le cœur. J'étais désormais seul. Sans aîné, sans maison, sans demeure. Mais je restais fidèle à ce qui, pour moi, était l'essentiel. Je gardais vivant mon lien à la source la plus juste.

Cette crise, je sais aujourd'hui qu'elle fut l'un des grands moments de ma vie. Jusqu'alors je tenais l'enseignement, sans m'en rendre compte, comme à distance. J'étais abrité. Je me cachais derrière lui. Je me cachais derrière Trungpa en prétendant que mon seul souci était d'aider chacun à entrer en rapport directement avec lui.

Nietzsche a raison. Il faut se méfier des maîtres. Ne pas s'abriter derrière eux. Leur être fidèle, c'est ne pas se cantonner dans leur enseignement mais remonter à la source à partir de laquelle ils parlent. Leur être fidèle, c'est les trahir. Les trahir, c'est leur être fidèle.

Nietzsche, de manière tragique, le comprit. Sa rupture avec Wagner était en vérité une manière d'être fidèle à la véritable inspiration du musicien.

À ma surprise, on me demanda presque aussitôt de continuer à transmettre. Ailleurs. Fais-le ailleurs. En étais-je capable ? Devais-je, de mon propre chef, prendre la décision de le faire ? J'étais troublé.

C'était pourtant simple, il me fallait faire le geste qu'a toujours montré Chögyam Trungpa : parler à partir de ma propre expérience et travailler avec intensité à penser un véritable chemin qui réponde à l'appel de notre temps.

Mais comment faire ? Je voyais si bien mes manquements, insuffisances, lacunes et faiblesses. Je ne m'en sentais nullement capable.

En fait, je prenais ici tout de travers. C'est étrange, mais se dénigrer est une faute d'orgueil tout aussi grave que de pérorer.

En réalité, l'important n'est pas d'avoir confiance en soi, mais en la vision qui apparaît devant nos yeux. Il me fallait simplement répondre à ce qui m'appelait, ne plus réfréner l'élan qui me portait, ne plus éteindre l'incendie qui me brûlait. Et être simplement là où j'étais. Ne rien prétendre d'autre.

La situation était favorable. Des étudiants venaient. Leur demande était juste. Pour la première fois, depuis tant d'années, la transmission du *dharma* devenait réelle.

C'est ainsi que j'ai fondé l'association *Prajna & Philia* pour établir un bouddhisme d'Occident.

Prajna est un mot sanscrit qui signifie la connaissance pure et claire de ce qui est. Le mot a le sens de « gnose » ou « connaissance ». La parole du Bouddha n'invite pas à ce que tout soit paisible, confortable et agréable, mais tranche au travers des illusions. Le Bouddha nous montre comment, par la pratique de la méditation, faire jaillir l'étincelle d'intelligence qui permette à chacun de ne plus être prisonnier de son ignorance, de son agression et de ses attachements, et de voir les choses comme elles sont. Cette dimension de la *Prajna* est souvent oubliée aujourd'hui des présentations qui font du bouddhisme un adjuvant consolateur.

Philia est un mot grec qui désigne l'amitié – et qui est présent dans le mot « philo-sophie », même si la philosophie a sans doute trop préféré la *sophia* (le savoir) à la *philia* (l'amitié). Notre tâche, à nous hommes de ce temps de la fin de la métaphysique, est de redonner à la *philia* son ampleur native. Mais, pour cela, il faut penser la *Philia* non comme un sentiment – mais comme la dimension où nous sommes pleinement en rapport au monde, à nous-mêmes et aux autres, et il nous faut aussi abandonner la hiérarchie entre *philia*, *eros* et *agape* – qui ne résiste pas à l'examen de l'expérience et est profondément égarante.

Le nom de *Prajna & Philia* porte en lui l'ambition de faire dialoguer l'enseignement du Bouddha avec la pensée de l'Occident dans toute leur ampleur.

Jusqu'à ce jour, j'étais parfois un peu troublé par un reproche que l'on m'adressait très souvent : « Fabrice, tu te disperses. Tu prétends étudier le *dharma*, mais au lieu d'aller au Tibet ou en Inde tu passes tes années à étudier la philosophie dans un lycée. Tu étudies la philosophie, mais au lieu d'essayer de faire carrière, tu passes ton temps à pratiquer la méditation et à t'occuper d'art. » Que répondre ? Je n'avais pas de plan. J'allais aux cours de François Fédier parce que, grâce à eux, je pouvais respirer. Et sans la poésie, au sens le plus large, le monde m'était disloqué.

Enseignant au sein de *Prajna & Philia* ou écrivant ce livre, ces engagements, qui ont longtemps paru éclatés et sans lien, convergent et dessinent un chemin réel.

Un chemin non pour devenir « bouddhiste », au sens d'adopter une nouvelle identité, car toute identité que l'on revêt nous cache et nous enferme, mais pour permettre à chacun d'exister vraiment. Si la parole du Bouddha est vraie, autant l'oublier pour la redécouvrir chaque fois sur le vif de l'expérience. Ne jamais rien répéter simplement parce qu'on l'a entendu. Il faut être indomptable. Ne jamais céder. Tant pis s'il y a un risque. Vouloir éviter d'en prendre, c'est trahir la vie, l'enseignement et l'histoire. La tâche qui nous échoit est vaste, immense, mais aussi si réelle et si juste.

9

L'urgence de la poésie

ou l'intuition d'Allen Ginsberg

> C'est le scandale aussi du peintre et du poète, assembleurs de saisons aux plus hauts lieux d'intersection.
>
> SAINT-JOHN PERSE [1]

Un jour, à New York, en 1970, le poète américain Allen Ginsberg est invité à dédicacer son dernier livre. Il a emmené avec lui son père, un homme âgé de plus de soixante-dix ans, qui ne se déplace pas facilement. L'été est particulièrement chaud et, alors qu'ils sortent dans la rue, Ginsberg se rend compte que son père est sur le point de s'évanouir. À ce moment précis, il voit juste devant lui un gentleman asiatique, Chögyam Trungpa, qui, accompagné d'un homme barbu, hèle un taxi. Ginsberg s'avance jusqu'à eux et leur demande s'il peut « prendre leur véhicule ». L'homme barbu reconnaît le poète et le présente à son maître de méditation. Allen Ginsberg chante aussitôt, à la surprise de Chögyam Trungpa, un mantra qu'il a appris lors d'un précédent séjour en Inde : *OM AH HUM VAJRA GURU PADMA SIDDHI HUM.*

1. Saint-John Perse, *Oiseaux*, in *Œuvres complètes*, Paris, Gallimard, coll. « Bibl. de la Pléiade », 1972, p. 409.

Ils échangent leurs coordonnées et, quelques semaines plus tard, ils se retrouvent. Ginsberg se rend dans le minuscule appartement où réside alors Chögyam Trungpa. Celui-ci lui donne la *Sadhana du Mahamudra*, le texte qu'il a rédigé durant son séjour au Bouthan. Il lui demande de le lire à haute voix et de lui dire ce qu'il en pense. Allen Ginsberg est bouleversé. Le souffle et le rythme du poème le mettent dans un état de présence aiguisé et profond. Ils parlent longuement du sens de la parole dans le bouddhisme. Allen Ginsberg, frappé par la présence de Trungpa et la fulgurance de ses réponses, se décide à étudier avec lui.

Quelque temps plus tard, durant un voyage en voiture, Allen Ginsberg lit à Chögyam Trungpa le recueil de poèmes de Jack Kerouac *Mexico City Blues*. Trungpa est ravi. Il perçoit aussitôt la grandeur de cette poésie, à mille lieues de celle qu'il connaît. Le lendemain, il lui dit : « Toute la nuit, j'ai entendu ta voix me lisant Kerouac et ma vision de la poésie s'en trouve complètement changée. » Il lui demande alors d'être son maître en poésie.

Leur rencontre est beaucoup plus que celle de deux individus. Ce jour-là la poésie américaine et le *dharma* se sont trouvés. Cet événement historique ne doit pas seulement son existence à une coïncidence survenue dans une rue de New York.

Allen Ginsberg est l'héritier de deux courants décisifs de l'histoire de l'Occident – la poésie américaine qui naît avec Walt Whitman et celle de l'ésotérisme rencontré à travers l'œuvre de William Blake. De manière très différente, ces deux traditions ont tenté, en marge de l'ordre établi, des conventions et des religions instituées, de préserver la liberté et l'appel du large. Grâce à elles, la rencontre avec le Bouddha n'avait rien d'exotique ou d'étrange. Le terrain était prêt, la table était mise.

Mon chemin a été bien différent. J'ai d'abord rencontré le Bouddha et c'est à travers la manière dont son enseignement nous expose à la présence, nous apprend à la soutenir, que le souci de mieux comprendre les racines de l'Occident s'est imposé comme une absolue nécessité. Par là, j'ai vu comment remonter du rapport habituel à l'art, comme un des éléments de la distinction culturelle, à sa vérité comme savoir authentique permettant à la société des hommes d'être une véritable communauté. Même si la spiritualité et la poésie n'habitent pas sur la même montagne, n'ont pas le même rapport à l'espace et à la parole – nous avons besoin de ces deux lignées.

Et ce d'autant plus que le seul domaine pour qu'une parole spirituelle résonne dans notre monde est la poésie. Cette intuition fulgurante de Chögyam Trungpa semble presque aller de soi – elle est en fait d'une rare difficulté à comprendre. La poésie n'a pas à être soumise à la spiritualité. Elle n'est pas là pour l'illustrer, lui servir de faire-valoir. La spiritualité ne doit pas non plus être un outil au service de la poésie. Quand et comment une authentique rencontre est-elle possible ?

Voilà ce que l'amitié d'Allen Ginsberg et de Chögyam Trungpa peut nous montrer.

La poésie américaine : une main tendue vers l'Orient

L'émergence d'une poésie typiquement américaine est due, au premier chef, à Walt Whitman (1819-1892), puis, au XXe siècle, à William Carlos William, Ezra Pound, Gertrude Stein, puis Wallace Stevens et E. E. Cummings. Ces noms ne diront rien à beaucoup de lecteurs français ; pourtant, leur lecture est jubilatoire et leur œuvre réveille les plus hautes aspirations humaines. Il faut comprendre les enjeux de cette poésie pour percevoir pourquoi et comment elle a rencontré le bouddhisme.

Jusqu'à Walt Whitman, l'Amérique n'est pas encore advenue à soi, personne ne l'a chantée. Les poètes copient, tant bien que mal, l'Angleterre et suivent des conventions éculées. C'est Walt Whitman qui invente une poésie à même de témoigner de l'expérience américaine, et au premier chef un rapport renouvelé à la nature et à la liberté. Pour ce faire, il a recours à un vers libre, animé par un souffle qui lie ensemble lyrique et épique, chant et récit. Dans sa bouche, le poète devient un prophète qui montre aux hommes un chemin d'amour et de courage. S'il y a un Dieu, il est partout, présent en toute chose. Ne le plaçons pas hors du monde. Walt Whitman invite à substituer l'intuition aux dogmes, la révélation individuelle à la religion héritée, et exige que chacun invente ses œuvres, ses lois et ses croyances. Il nous faut assumer, dit-il, dans une formulation éminemment *moderne*, que l'homme est un être de contradiction et qu'il lui est désormais impossible d'épouser un point de vue stable permettant de coïncider avec le monde.

Voici le début de son célèbre « Chant de moi-même » :

Je me célèbre et me chante moi-même,
Et ce que je prends à mon compte, tu le prendras à ton compte,
Car chaque atome qui m'appartient, t'appartient aussi bien à toi.

Je muse et invite mon âme
Je me penche et muse à mon aise tout en observant un brin d'herbe.

Ma langue, chaque atome de mon sang, faits de ce sol, de cet air,
Né ici de parents nés ici de même, et leurs parents de même,
Âgé maintenant de trente-sept ans, en parfaite santé, je commence,
Espérant ne plus cesser jusqu'à ma mort.

Écoles et credos provisoirement suspendus,
S'effaçant un moment, satisfaits d'eux-mêmes, mais jamais oubliés,
Pour le bien ou pour le mal, je donne asile à la Nature, quels que soient les risques, je lui permets de s'exprimer,
Sans frein, avec son énergie originelle[1].

Pour Walt Whitman, à moins de contrebalancer le matérialisme par une influence spirituelle, les États-Unis vont devenir la « nation maudite de la légende ». Le seul remède est la « candeur » des « poètes et orateurs à venir ». Eux seuls peuvent nous libérer.

1. Walt Whitman, *Feuilles d'herbe*, trad. Roger Asselineau, Paris, Aubier, 1989, p. 37.

Par sa méditation de l'immanence, de la bonté présente dans le monde immédiat, sa méfiance envers le christianisme institutionnel, son intérêt pour l'Inde – il tend la main vers l'Orient et prépare la possibilité d'une rencontre.

Toute la grande poésie américaine marche dans ses pas.

La génération suivante, et tout particulièrement Ezra Pound et William Carlos William, veut à son tour chanter l'Amérique. Le premier explique : « Méfie-toi de l'abstraction », et le second qu'« il n'est d'idées que dans les choses ». Abandonnons le discours intellectuel ou conceptuel qui se perd à vouloir saisir le monde au lieu d'apprendre à y habiter. La poésie doit sortir de la salle de classe pour retrouver la vie. À la différence de la poésie européenne, elle cherche à être directe et à trouver une forme d'immédiateté. Ne pas être après coup. Après le réel, à sa place, ou pire, à sa traîne.

William Carlos William est un médecin obstétricien qui ne connaît la gloire qu'après la parution de son premier recueil, *Paterson*, à l'âge de soixante-quatre ans. C'est sans doute, après Walt Whitman, le plus grand poète américain. Il cherche à écrire une poésie de l'ici et maintenant, à partir de rien :

> tant dépend
> d'une
>
> brouette
> rouge
>
> glacée d'eau
> de pluie

près des poulets
blancs[1]

Le lire invite à habiter dans le monde où nous vivons, avec ses tours et ses usines, la banlieue des gens simples, des émigrés déracinés, les piétons pressés et les flaques d'eau. William Carlos William mêle tout aussi bien des vers lyriques, des anecdotes, des détails touchants, et réussit à faire se rencontrer, sans établir entre eux de hiérarchie, le minuscule et l'immense. Allen Ginsberg le considéra comme son mentor. Trois lettres qu'il lui adresse ont été intégrées à *Paterson*, et nous y voyons sa progressive prise d'assurance. William Carlos William lui apprend à observer les détails de la vie quotidienne américaine, à écouter le rythme de sa propre voix et à se méfier des cadences littéraires monotones et des rythmes de métronome académiques.

Alors qu'en Europe la mort de Dieu est souvent perçue comme effrayante, la perte de tous nos repères, une expérience de désorientation, la poésie américaine y voit une joyeuse libération. Wallace Stevens, un autre grand poète moderne, affirme ainsi que nous n'avons plus à être hantés par les fantômes et les fantasmes. « Les grands poèmes du ciel et de l'enfer ont été écrits[2]. » On peut désormais célébrer la terre, entrer de plain-pied dans un monde dépouillé du surnaturel, célébrer les choses les plus simples. À l'instar de la peinture

1. William Carlos William, cité *in* Hélène Aji, *William Carlos William*, Paris, Belin, 2004, p. 73.

2. Wallace Stevens, « L'imagination comme valeur », in *L'Ange nécessaire*, trad. Sonia Bechka-Zouechtiagh et Claude Mouchard, Belval, Circé, 1997, p. 121.

américaine de Jackson Pollock ou de la musique de John Cage, les poètes américains cherchent à rompre l'asservissement au passé pour favoriser l'expérience nue dans ce qu'elle a à la fois de fragmentaire, d'aléatoire et de surprenant.

Lorsque Cummings annonce :

> Loin d'un non-monde braillard qui légitime le faux
> grimpant, chérie (jusqu'à ce que montagne dise vrai)
> entrons dans un silence tréflé de chant d'oiseau[1],

il ouvre l'espace pour le souci de la présence comme le Bouddha peut le transmettre. Le terrain est prêt pour nous mettre à l'écoute du silence et du vide, d'une existence enfin libérée des arrière-mondes, de la peur et de la théologie :

> Aux esclaves de l'espace-temps sembler suffit bien
> – à nous l'ici-présent de la liberté. Viens[2].

Lorsque ceux de la génération suivante, celle d'Allen Ginsberg, se tournent vers le bouddhisme, pratiquent la méditation, vivent dans des monastères, ils y trouvent une manière de réaliser la prophétie de leurs pères. Il est possible de considérer l'ensemble de la réalité comme sacrée sans pour autant rêver d'un au-delà transcendant et avoir besoin d'un Dieu extérieur et consolateur.

1. E. E. Cummings, *95 poèmes*, trad. Jacques Demarcq, Paris, Éd. du Seuil, 2006, p. 106.
2. *Ibid.*

Dans *Howl*, Allen Ginsberg, comme peut-être tous les grands poètes, traverse la dévastation de son temps. Il voyage en enfer sur les traces de Dante, mais en étant traversé par l'esprit de Charlie Chaplin. Il se confronte à la folie propre à notre époque. William Carlos William en rend compte dans la saisissante préface qu'il rédigea au livre de son cadet : « Dites ce que vous voudrez, il [Ginsberg] nous apporte la preuve que, dans les expériences les plus dégradantes de l'existence, résiste toujours l'esprit d'amour qui ennoblit nos vies à condition d'avoir l'intelligence, le courage et la foi – l'art aussi de persister. » La rencontre d'Allen Ginsberg avec le bouddhisme, son souci d'un dessaisissement de toute emprise rejoignent ainsi les conseils donnés par Whitman, Emerson ou Thoreau cent ans plus tôt. Son engagement spirituel n'entame en rien la réalité du souffle poétique. Jusqu'au fond de son engagement bouddhiste, Allen Ginsberg sait ne jamais abandonner la tradition de l'Occident mais trouver l'espace de leur rencontre, comme en témoigne ce poème écrit en 1980, « Méditation et poétique » :

> *Spiritus* signifie souffle, par étymologie, l'esprit souffle est véhicule de la poésie et du chant aussi bien que le cheval aérien
> Esprit court et chevauche pendant la pratique méditative. Assieds-toi détends-toi colonne du dos tenue bien droite passe dans l'espace avec ton air
> Au Tibet l'on apprenait à suivre le souffle extérieur. Ainsi que le faisaient en Occident les poètes, qui emplissaient le vent de leur corps avec les voyelles et les tons de la voix.

On oublie quelquefois qu'on respire, votre esprit rêvasse
à des poèmes d'histoires passées ou à des meubles meublant le futur ou à la joie érotique du présent
Ou à de honteuses anciennes conversations mais voici
tout à coup que le bourdonnement d'une mouche
alors que vous étiez aussi mort qu'Emily Dickinson
vous ramène à la conscience de la pièce où vous êtes
Assis et respirez, sensible aux murs autour de vous au
bleu infini du ciel au-dessus de votre tête[1].

William Blake

Allen Ginsberg a souvent raconté l'expérience initiatrice de sa quête poétique. Jeune homme, alors qu'il vient juste de se masturber en lisant un livre de William Blake, il tombe sur le poème « Tournesol » :

> Ah ! Tournesol, si las du temps,
> Qui compte les pas du Soleil,
> En quête du doux pays doré
> Où prend fin le trajet du voyageur[2].

Et soudain il comprend que le poème parle de lui. Chacun de nous est invité à se rendre dans le « doux pays doré ».

À ce moment précis, Allen Ginsberg entend une voix grave, caverneuse, profonde dans la pièce, et il est certain que c'est celle de William Blake. Il vit alors une sorte d'initiation. Son esprit s'ouvre et rencontre

1. Allen Ginsberg, « Méditation et poétique », trad. Jacques Darras, *in* Jacques Darras, *Allen Ginsberg*, Paris, Jean-Michel Place, 2002, p. 43.
2. William Blake, *Chants d'expériences*, in *Œuvres*, trad. Pierre Leyris, Paris, Aubier/Flammarion, 1974, t. I, p. 245.

« le sens d'une conscience cosmique, de vibrations, de compréhension, de stupeur, d'étonnement et de surprise ». Il découvre un univers beaucoup plus profond que celui dans lequel il a jusqu'alors vécu. C'est une percée à travers la conscience habituelle pour, d'un seul coup :

> Voir un Monde dans un Grain de Sable
> Et un Ciel dans une Fleur Sauvage,
> Tenir l'Infini dans la paume de la main
> Et l'Éternité dans une heure[1].

La poésie, découvre Allen Ginsberg, est la transmission de cette expérience particulière où l'on est un avec l'univers tout entier et où la peur d'être, d'être pleinement, s'estompe enfin. Notre peur est notre masque qui nous empêche d'être et d'aimer. La poésie est là pour nous guider et nous aider à retrouver cette innocence dont les mystiques et les enfants témoignent. C'est là notre vrai trésor, notre demeure.

Comme le dit William Blake, dans un de ses textes les plus connus, *Le Mariage du Ciel et de l'Enfer* :

> En tout premier lieu, la notion que le corps de l'homme est distinct de son âme doit être détruite. [...] Si les portes de la perception s'ouvraient, tout apparaîtrait tel qu'il est : infini.
> Car l'homme s'est enfermé lui-même et voit toutes choses à travers les étroites fissures de sa caverne[2].

1. *Ibid.*, p. 263.
2. William Blake, « Une apparition mémorable », in *Le Mariage du Ciel et de l'Enfer*, trad. Alain Suied, Paris-Orbey, Arfuyen, 2004, p. 77.

C'est en raison de ce texte que le célèbre groupe *The Doors* a pris ce nom – Blake ayant été l'une des références de cette génération qui chercha à libérer tout à la fois la société et l'esprit humain.

William Blake (1757-1827) est l'un des poètes les plus en marge de son temps, aussi isolé que rebelle. Ses contemporains, qui ne lui accordèrent pas beaucoup d'attention, le considéraient généralement comme un fou.

En vérité, William Blake n'est nullement fou, il est l'héritier des traditions des gnostiques d'Asie Mineure et d'Alexandrie et de l'hermétisme, qui, à travers les siècles, ont éclairé la poésie des bardes, des troubadours, des conteurs de la quête du Graal et des écrivains visionnaires et alchimistes. Il revivifie ces traditions à une époque où elles sont en train de tomber dans l'oubli. Il cherche à sauvegarder les mondes intérieurs au moment où ils sont en train d'être détruits.

Son père est un bonnetier qui a assez bien réussi. Il met son fils en apprentissage à Londres dans un atelier de gravure. William Blake devient un bon ouvrier, inventant même des procédés nouveaux d'impression en couleurs. C'est ainsi que, toute sa vie, il subvient à ses besoins. Il illustre des livres importants : ceux de Chaucer, Milton, Shakespeare ou Dante, ainsi que ses propres œuvres. Il se marie et vit une vie de couple très heureuse. À sa mort, il peignait encore un portrait de sa femme.

Dès sa plus jeune enfance, Blake est animé de visions. Un jour qu'il s'est attardé dans les champs, revenu à la maison, il raconte à sa mère qu'il a vu des formes illuminées qui ont des ailes d'ange, perchées sur un arbre. Sa mère lui donne une gifle. C'est ainsi que se termine la première aventure de William Blake au pays des merveilles. Il n'y a chez Blake rien des extases et des futilités de ceux qui s'occupent habituellement de surnaturel. Ses visions ne sont pas l'objet d'une quête, le prolongement hallucinatoire d'une réflexion intellectuelle, mais une expérience toute simple. William Blake est de plain-pied en rapport avec un monde plus ouvert et vaste que celui dans lequel, selon lui, nous nous enfermons habituellement.

Il se décrit comme un prophète, au sens original du terme de celui qui s'adresse au peuple sur des sujets qui le concernent au premier chef. Il annonce le règne nécessaire de la liberté et de l'imagination contre la raison et son autorité qui s'imposent au XVIIIe siècle. La raison règne aussi bien en France qu'en Angleterre, dans des institutions qui tentent d'imposer la soumission complète à l'ordre établi. La raison domine désormais la manière dont les hommes considèrent l'univers – fonctionnant selon des rouages compliqués de causes et d'effets mécaniques. Nous ne voyons plus les choses, pour William Blake, qu'à travers un voile noir et opaque : « Chaque maison est une tanière, chaque homme est enchaîné. Les ombres sont remplies de spectres et les fenêtres sont fermées d'une toile de malédictions en fer. Sur les portes, on a écrit "Tu ne dois pas" et sur les cheminées "Crains". Les habitants de la ville marchent lourdement, le cou entouré de liens de fer fixés dans les murs, ceux des faubourgs ont des entraves de plomb ; ceux des campagnes ont les os ramollis et courbés. » Nous sommes séparés de tout, coupés entre l'intérieur – nos sensations, sentiments et pensées – et l'extérieur. William Blake est poète ou mystique – comme on voudra – en ce qu'il cherche à unifier l'homme : « Comment savez-vous si chaque oiseau qui fend les voies aériennes n'est pas un monde immense de joie qui est fermé par vos cinq sens ? »[1]. La leçon de Blake est foudroyante.

L'homme ne s'occupe plus que d'explorer et d'exploiter le champ du monde extérieur et néglige les régions intérieures. Nous oublions notre propre innocence et les ressources de notre esprit et de notre cœur. William Blake annonce l'intuition centrale de Rainer Maria Rilke nous invitant à retrouver l'espace ininterrompu dans lequel s'abolit toute distinction entre intérieur et extérieur, sensation et sentiment. Rainer Maria Rilke relate une telle expérience lorsqu'il évoque cette heure « où un cri d'oiseau au-dehors et à l'intérieur de lui-même étaient accordés au point qu'il ne se produisait pour ainsi dire aucune rupture à la limite du corps, et les deux se réunissaient en un espace uni, dans lequel il ne demeurait, mystérieusement protégé, qu'un seul point de pure et très profonde conscience. Ce jour-là, il ferma les yeux, pour n'être pas, dans une aussi grandiose expérience, induit en erreur par le contour de son corps, et l'infini pénétra de toute part si intimement en lui qu'il put imaginer ressentir dans sa poitrine le poids léger des

1. *Ibid.*, p. 82.

astres, qui entre-temps s'étaient levés[1] ». L'infini est à portée de main – voilà ce que nous dit la poésie.

William Blake animé par cette découverte dénonce toutes les conventions, et particulièrement le christianisme, qui s'est, pour lui, trahi en nous enfermant dans des règles morales mortifères. « Les prisons sont construites avec les pierres de la Loi, les bordels avec les briques de la Religion[2] », écrit-il, ou encore : « La chenille choisit les plus belles feuilles pour y déposer ses œufs. Le prêtre, nos plus belles joies pour y déposer ses malédictions[3]. » Pour lui, la religion réduit le Ciel à n'être qu'un domaine où règnent les interdits, elle nous prive de liberté et de joie. William Blake, qui semble ici annoncer Nietzsche, proclame la mort imminente du Dieu moral et métaphysique.

Mais le choc de cette rencontre avec William Blake laisse Allen Ginsberg désemparé. Blake témoigne d'une expérience que personne ne comprend plus. Le discours théiste habituel, avec la notion d'un Dieu extérieur à notre propre esprit qui est là pour nous juger, ne lui permet pas de saisir ce qu'il vient de découvrir.

Cherchant à retrouver cette expérience, Allen Ginsberg consomme diverses drogues et part à la découverte de l'Orient. En 1962, il arrive en Inde, rencontre le Dalaï-Lama et nombre des plus importants maîtres indiens et tibétains, puis il se rend au Japon dans les monastères zen. Mais, jusqu'à sa rencontre avec Chögyam Trungpa, le

1. Rainer Maria Rilke, « Moment vécu », in *Œuvres en prose*, trad. Claude Durand, Paris, Gallimard, coll. « Bibl. de la Pléiade », p. 607 *sq*.
2. William Blake, « Proverbes de l'Enfer », in *Le Mariage du Ciel et de l'Enfer*, *op. cit.*, p. 55.
3. *Ibid.*, p. 65.

bouddhisme demeure pour lui une tradition extérieure. Paradoxalement, après avoir voyagé dans toute l'Asie, Allen Ginsberg rencontre le bouddhisme vivant, à même de toucher son cœur, dans une rue de New York.

Allen Ginsberg ou de l'art d'être disciple

Allen Ginsberg est l'un des plus célèbres poètes de son temps, tant par le rôle qu'il a joué dans la vie américaine que par son œuvre. Quel poète aura été aussi souvent filmé ou photographié au XXᵉ siècle que lui ? Chantre de la libération sexuelle, politique et spirituelle qui a secoué l'Amérique à partir des années cinquante, il proclame haut et fort son homosexualité et s'engage contre la guerre du Vietnam, la politique de la CIA et du FBI, la prolifération des armes nucléaires, le développement des mass media comme outil de contrôle social. Le 1er mai 1965, il est porté en triomphe par la jeunesse de Prague ceint de la couronne du « Roi de Mai ». Il est aussi expulsé de Cuba pour y avoir dénoncé la répression contre les homosexuels. Ses luttes le rendent aussi célèbre qu'une star hollywoodienne.

Il joue un rôle crucial dans le développement sans précédent de lectures publiques qui rassemblent des milliers de personnes et conduit les poètes à devenir des hommes de la voix. Il est l'artisan du rapprochement entre les beatniks des années cinquante et les hippies des années soixante. Il devient l'ami de Bob Dylan, qui l'invite à lire ses poèmes durant ses concerts.

Howl, son long poème en prose, suscite lors de sa parution un scandale, en raison de son langage cru et de sa dénonciation d'une Amérique qui, pour lui, se trahit, renonce à sa grandeur et à son projet démocratique. Le cri de *Howl* est un cri de délivrance de tout un arriéré de peurs et d'interdits. Allen Ginsberg y aborde de plein front son homosexualité, comme en témoignent ces quelques vers :

J'ai vu les plus grands esprits de ma génération détruits par la folie, affamés hystériques nus,
[…]
qui se laissèrent enculer par des saints motocyclistes et hurlèrent de joie,
qui sucèrent et furent sucés par ces séraphins humains, les marins, caresses d'amour atlantique et caraïbe[1].

Allen Ginsberg réussit ainsi à abandonner toute culpabilité et à montrer la force et la joie inhérentes à son amour des hommes.

Dans la culture tibétaine, l'homosexualité est condamnée, quand elle n'est pas tout simplement déniée. Aussi, est-ce l'une des premières questions qu'Allen Ginsberg aborde avec Trungpa. L'homosexualité est-elle négative ? Chögyam Trungpa, qui n'est pas là pour fonder une nouvelle religion et œuvrer à la coercition des mœurs, lui répond que là n'est pas la question. Cela n'a en réalité aucun sens. Ce qui seul importe, c'est la réalité et la profondeur de la relation. Donne-t-elle lieu à une véritable rencontre ou non ? Est-elle un espace où chacun peut être ouvert à l'autre et où se délie la beauté, la tendresse, l'amour ? Être homosexuel ou non n'y change rien.

1. Allen Ginsberg, *Howl*, trad. Robert Cordier et Jean-Jacques Lebel, Paris, Christian Bourgois, 1976, p. 11-17.

Allen Ginsberg n'est pas seulement un grand poète, il est aussi un disciple exemplaire. Dans les textes anciens, sont souvent racontées les aventures d'un maître et de son disciple. Celle de Marpa et de Milarepa est, dans la tradition tibétaine, l'une des plus connues. Marpa demande à Milarepa d'accomplir des actions les plus extravagantes pour le sens commun. Alors que celui-ci lui demande des enseignements précieux, de lui parler de spiritualité, Marpa l'enjoint de construire, seul, sans l'aide de personne, des tours immenses. Après, il lui enseignera, mais après seulement. Lorsqu'elles sont achevées, il les lui fait défaire et reconstruire ailleurs ou sous une autre forme. C'est bien des années plus tard que Milarepa comprend que ces épreuves décourageantes l'ont libéré de son orgueil et lui ont permis de découvrir la liberté à laquelle il aspirait. L'obéissance d'Allen Ginsberg retrouve parfois les échos de ces anciens récits.

Un jour de 1971, Allen Ginsberg retrouve Chögyam Trungpa à San Francisco, dans le bar de son hôtel. Ayant consulté son programme d'enseignement à travers tous les États-Unis, Ginsberg lui demande : « Est-ce que tout cela ne te fatigue pas ? Moi, ça m'ennuie d'être tout le temps sur la route. »

Trungpa lui répond aussitôt : « C'est parce que tu n'aimes pas ta poésie. Tu es fatigué de lire toujours les mêmes textes. Pourquoi ne pas composer directement sur scène ? Ne peux-tu pas faire confiance à ton propre esprit ? »

Ginsberg est d'abord blessé. Qu'est-ce que ce maître tibétain connaît à la poésie ? Pourtant, il est surpris. C'est le même conseil que celui donné par Kerouac des années auparavant, un conseil qui l'inscrit tout autant dans la tradition bouddhiste du rapport direct à l'instant présent que dans la grande tradition poétique américaine. Peut-être qu'après tout il a raison ?

Alors qu'ils s'apprêtent à sortir pour dîner, Chögyam Trungpa lui demande : « Pourquoi caches-tu ton visage ? J'aimerais bien le voir. »

Ginsberg porte alors une longue barbe typique des années soixante. Il sort aussitôt s'acheter des ciseaux et un rasoir. Il se coupe la barbe. Quand il revient, Chögyam Trungpa s'écrie : « Tu ne l'as pas complètement rasée. » Il reste en effet de nombreuses touffes. Ginsberg retourne dans la salle de bains, se présente enfin rasé de près. Trungpa s'exclame : « Voilà, tu as enlevé ton masque. » Mais Trungpa ne s'arrête pas là et s'en prend à ses vieilles chemises sombres.

« Comme je voyage beaucoup, elles sont plus faciles à laver, lui répond Ginsberg.

– Pourquoi n'essaies-tu pas de mettre des chemises blanches pour voir comment tu te sens ? »

Ginsberg suit la recommandation de Trungpa et part aussitôt en acheter dans le magasin de l'Armée du Salut qui se trouve juste à côté.

En un après-midi, il a abandonné la silhouette du prophète hippie des campus.

« Soudain, racontera-t-il plus tard, j'étais hors de la culture homosexuelle. » Trungpa touchait au masque identitaire qu'il avait revêtu et lui permit ainsi d'éviter de tomber dans un piège redoutable : jouer au gourou – image que le magazine *Life* avait commencé à lui coller à la peau.

Chögyam Trungpa lui conseille enfin de ne plus

psalmodier en public n'importe quel mantra bouddhiste. En les chantant, il excite les gens, les fait approcher une certaine expérience spirituelle mais sans leur donner les moyens de l'approfondir. Il ne faut pas tout mélanger. La mystique sauvage n'a jamais aidé personne.

Si Chögyam Trungpa a une réelle amitié et un profond respect pour Allen Ginsberg, dont il sent le rapport authentique à la poésie, il est loin de donner son blanc-seing à quiconque se dit artiste.

Il prend très vite conscience de deux pièges terribles qui, dès qu'on parle d'art, menacent.

Se dire « poète », vouloir écrire des livres, être « artiste » n'est, le plus souvent, qu'une aspiration confuse. Il est surprenant de voir combien de gens aspirent à écrire, alors qu'ils n'ont manifestement aucun talent et que leur désir ne répond à aucune aspiration réellement solide. Comme le remarque W. H. Auden, notre époque est marquée par une déresponsabilisation du travail marquée au premier chef par une rationalisation fragmentée des tâches, qui conduit, par contraste, à percevoir l'artiste comme un des seuls êtres qui puissent encore être responsables de ce qu'ils réalisent. L'artiste « fascine ceux qui, parce qu'ils n'ont pas de talent notable, craignent à juste titre de ne pouvoir espérer qu'une vie de peine dépourvue de signification. Cette fascination n'est pas due à la nature de l'art lui-même, mais à la façon dont l'artiste travaille ; comme pratiquement aucun autre à notre époque, il est son propre maître[1] ».

1. W. H. Auden, « Le poète et la cité », trad. Pierre Pachet, *Po&sie*, n° 90, Paris, Belin, 1999, p. 4.

Mais ceux qui sont des artistes professionnels, qui rencontrent le succès, ne sont généralement pas plus en rapport à la vérité de l'art que la masse des autres. Ils sont des professionnels qui, ayant compris les codes sociaux, publient leur roman à la rentrée, font leurs lectures de poèmes, leur exposition, autrement dit, font carrière.

Lors d'une des plus importantes lectures que Chögyam Trungpa organisa pour soutenir la construction du grand centre de méditation qu'il voulait fonder, il décida de faire éclater la vérité, au risque de choquer et de perdre tous ses appuis.

Alors que le premier poète lisait ses textes, Trungpa prit un grand gong et le mit sur sa tête. Le poète ne pouvait pas le voir puisqu'ils étaient tous placés côte à côte sur une même ligne. Le public s'agitait un peu et Allen Ginsberg se pencha vers Trungpa pour lui dire : « Tu ne devrais pas faire ça. Ils sont ici pour te soutenir, ils te font une faveur. Tu ne devrais pas te comporter de cette manière. » Ce à quoi Trungpa répondit : « Si tu crois que j'agis de la sorte parce que je suis ivre, tu fais une grave erreur. » Au cours de la lecture suivante, Trungpa mit cette fois le gong sur la tête de Ginsberg, puis expliqua qu'il était désolé de devoir infliger à ses étudiants les élucubrations égotiques des poètes.

L'imaginaire

J'ai rencontré Allen Ginsberg à New York, en 1992. Je voulais qu'il me parle de sa relation avec Chögyam Trungpa. Je ne me doutais pas que la discussion allait très vite basculer et que j'allais recevoir une gifle qui me remettrait profondément en question.

Allen Ginsberg m'accueillit avec une aisance bienveillante. Je fus très vite bouleversé par sa capacité à parler de tout sans la moindre gêne. Sa maison était ouverte à tout un chacun. C'était un défilé impressionnant. Rien ne semblait privé. Il était au service de tous ceux qui pouvaient avoir besoin de lui. Sa disponibilité était entière et presque étrange tant elle était détendue. Comme dans ses poèmes, il pouvait se livrer à des confessions qui, chez quiconque, auraient semblé impudiques, mais qui étaient, chez lui, d'une sobriété audacieuse. Alors que nous étions en train d'évoquer Chögyam Trungpa, je l'interrogeais sur son rapport à Blake et au rôle qu'il donnait à l'imagination. Puisque la pratique de la méditation nous apprend à entrer en rapport au présent, que le Bouddha nous invite à regarder « les choses comme elles sont », ne faut-il pas se méfier de l'imaginaire ? N'est-ce pas lui qui nous conduit à nous écarter de la simplicité d'une goutte d'eau, de la beauté d'un citron, du vent sur la peau – c'est-à-dire du réel ? Le peu que j'avais lu de Blake me semblait à mille lieues de la simplicité de la pratique.

Allen Ginsberg me montra qu'il faut distinguer l'imaginaire du fatras de rêveries avec lequel on le confond. Loin de nous conduire à fuir le réel, il nous le révèle. Il est alors prophétique, à même de donner image aux plus pures intuitions, à ce qui ne se montre pas et qui pourtant règne. Des générations de poètes ont tenté de devenir « voyants », au sens qu'indique Rimbaud, retrouvant ainsi la source la plus profonde et la plus traditionnelle. J'étais en train de figer l'enseignement du Bouddha en une doctrine et de me méprendre sur le sens de l'imaginaire.

Son pouvoir le plus propre ne consiste pas à inventer des fantaisies individuelles, il n'est pas l'inconscient freudien, il n'a rien de pulsionnel, il ne peut pas non plus être compris par nos approches du paranormal ou du spiritisme. Il est le monde intermédiaire des visions et des symboles, des fées et des dieux, de la poésie et de l'amour, aujourd'hui si profondément compris de travers. Il donne lieu à des personnifications plus ou moins arbitraires, suscitant même des égarements inquiétants. On le rejette ou l'on s'y réfugie – chaque fois pour de mauvaises raisons. Les grands poètes nous rappellent sa dimension véritable. Il est la plus évidente mise en présence du monde dans sa splendeur native et son harmonie secrète.

À son contact nous sommes délivrés de cette masse d'habitudes et de paresses qui nous font reconnaître les choses sans prendre le temps de se laisser émouvoir par leur existence, qui nous font tout restreindre à nos perceptions.

Ils m'ont dit – écrit Blake – que j'étais confinée dans mes cinq sens,
Ils ont dans un cercle étriqué enclos mon esprit infini
Et dans l'abîme plongé mon cœur, ce globe rond chauffé au rouge
Tant et si bien que de la vie, j'ai été biffée, effacée[1].

1. William Blake, « Lettre du 23 août 1799 », citée *in* Kathleen Raine, *L'Imagination créatrice de William Blake*, Paris, Berg International, 1993, p. 15.

À un pasteur qui avait trouvé son œuvre trop visionnaire et donc, pour lui, trop loin de la réalité, William Blake répondit : « Je sens qu'un Homme peut être heureux en Ce Monde. Et je sais que Ce Monde est un Monde d'Imagination et de Vision. Je vois tout ce que je peins en Ce Monde, mais Tous ne voient pas de même. Aux yeux de l'Avare une Guinée est bien plus belle que le Soleil, et un sac usé par l'Argent a de plus belles proportions qu'une Vigne chargée de Raisins. L'Arbre qui fait verser aux unes des larmes de joie n'est aux Yeux des autres qu'une Chose Verte qui se dresse en travers du chemin. Certains ne voient dans la Nature que Ridicule et Difformité, et ce n'est pas selon eux que je réglerai mes proportions ; d'autres, c'est à peine s'ils voient du tout la Nature. Mais aux yeux de l'Homme d'Imagination, la Nature est l'Imagination même. Selon ce qu'un homme est, ainsi Voit-il. Selon la façon dont l'Œil est formé, ainsi sont ses Pouvoirs. Vous faites certainement erreur quand vous dites que les Visions de l'Imagination ne se trouvent point en Ce Monde. Pour moi Ce Monde n'est qu'Une Vision continue de l'Imagination[1]. »

Oublier l'imagination, c'est négliger que notre esprit participe de la manière même dont le monde nous apparaît. Par cette notion d'imagination, Blake tente de cerner cette disposition qui nous relie au monde, nous fait être un avec lui. C'est sur ce point, poursuivit Allen Ginsberg, que se produit la rencontre de Blake et du bouddhisme. Ils nous aident tous deux à découvrir la position déterminante de l'imagination : « Elle est ce qui

1. Id., *Écrits prophétiques des dernières années, suivis de Lettres*, trad. Pierre Leyris, Paris, José Corti, 2000.

n'est pas né, la conception qui n'a pas d'origine. Elle existe sans qu'on puisse en déterminer les racines pour dire d'où viennent ces pensées ni d'où vient l'univers. »

L'exemple de Chögyam Trungpa

Chögyam Trungpa avait la conviction que le *dharma* ne serait pas transmis en Occident sans l'appui des poètes. À son arrivée aux États-Unis, loin de vouloir entrer en contact, comme tant de maîtres spirituels actuels, avec les médias et des mécènes potentiels, de s'assurer une notoriété et des revenus substantiels, il veut rencontrer ceux qui préservent la langue et lisent dans les signes des temps. Car tel est bien le rôle des poètes. Là où l'usage tue la langue, lui fait perdre son relief, ses ressources, et la réduit à un simple instrument de communication, le poète l'entend à neuf. Chögyam Trungpa sait que, sans poète, aucune parole ne pourra trouver un sol où prendre racine.

Comme il l'écrivit : « Je me suis opposé, ai travaillé, ai appris, me suis battu et suis tombé amoureux de ces poètes américains. L'un dans l'autre, le *bouddhadharma* n'aurait pas pu être proclamé en Amérique sans leur aide pour introduire les termes et les enseignements dharmiques[1]. »

Il invite Ginsberg, Anne Waldman mais aussi John Cage à fonder une école de poésie qui fut nommée *The Jack Kerouac Disembodied School of Poetics*, l'« école désincarnée de poésie Jack Kerouac », l'un des départements

1. Chögyam Trungpa, « Preface », in *First Thought, Best Thought, op. cit.*, p. xxi.

de l'université Naropa. La plupart des poètes et écrivains américains y sont venus enseigner gracieusement. Les étudiants pouvaient y pratiquer la méditation en suivant les instructions des maîtres de toutes les traditions bouddhistes. L'espace du *dharma* et le souffle de la poésie se sont alors rencontrés, dans l'écoute de la tradition la plus haute de l'Occident d'Homère à Dante, de Shakespeare à Blake.

Mais la tâche est difficile. Si les poètes, devenant professionnels, perdent souvent le souffle décisif de l'imagination et l'inspiration salutaire, les pratiquants bouddhistes ont tendance à éteindre l'incendie de l'art pour un calme confortable. Quand un pratiquant est artiste, il est le plus souvent mauvais. Il tente d'appliquer des recettes et ne risque plus rien. La méditation lui sert à étouffer le souffle qui l'habite. Une identité le protège. *Il faut* qu'il soit calme, détendu et souriant. L'art se ferme alors à lui, aussitôt. Personne ne décide de faire de l'art ou ne peut en faire parce qu'il l'aurait décidé. Il est juste possible de tenter, comme on peut, de faire qu'il soit vivant. Mais c'est l'art seul qui décide.

Faire dialoguer la transmission spirituelle, dans sa pureté extrême, et l'art dans son aventure salutaire, est pour toutes ces raisons un vrai défi – bien plus difficile qu'il ne semble au premier regard.

Cette aspiration, les plus grands artistes du XXe siècle l'ont réalisée dans leurs œuvres.

Chögyam Trungpa l'a aussi tenté, plantant la graine du *dharma* dans le sol fertile de la poésie. Mais, reconnaissons-le, son exemple n'a pas été suivi.

Quand des expositions d'artistes sont organisées, dans la plupart des centres de méditation comme dans les lieux de culte des diverses religions, on y voit des œuvres d'une médiocrité consternante. Le principe de la kermesse règne. Les Tibétains sont en train de folkloriser leur tradition, organisant des concerts, des spectacles de danse, des expositions de leurs peintures et objets de pratique qui, ainsi privés de tout contexte, hors de tout cadre approprié, deviennent de simples occasions de divertissement. Ils construisent des temples sans aucun rapport à la situation où ils se trouvent, sans se mettre à l'écoute d'architectes authentiquement poètes, et le résultat est un ensemble de bâtiments kitch. La musique jouée dans la plupart des Églises est d'une pauvreté étonnante quand on connaît la richesse inouïe de la tradition musicale de l'Occident, comme le rappelait le pape Benoît XVI, le 12 septembre 2008 au collège des Bernardins : « Pour saint Benoît, la règle déterminante de la prière et du chant des moines est la parole du Psaume : *Coram angelis psallam Tibi, Domine* – en présence des anges, je veux te chanter, Seigneur (cf. 138,1). Se trouve ici exprimée la conscience de chanter, dans la prière communautaire, en présence de toute la cour céleste, et donc d'être soumis à la mesure suprême : prier et chanter pour s'unir à la musique des esprits sublimes qui étaient considérés comme les auteurs de l'harmonie du cosmos, de la musique des sphères[1]. » Que reste-t-il aujourd'hui d'une telle ambition ?

Est partout niée l'entente du sacré, au moment même où les artistes d'Occident – de Malevitch à Bill Viola, de

1. Benoît XVI, *Voyage apostolique en France à l'Occasion du 150e anniversaire des apparitions de Lourdes*, Lethielleux, Parole et silence, 2008, p. 24.

Mondrian à Eggleston, de John Cage à Giacinto Scelsi, de René Char à Paul Celan, de Dreyer à Sokourov – ne cessent de le nommer.

Quel paradoxe étrange et poignant qui suscite pourtant généralement une complète indifférence !

La parole du Bouddha, comme toute parole spirituelle ou politique, n'est vivante qu'en tant qu'elle nous met en présence de la présence même, qu'elle sait saluer la terre et célébrer les arbres, s'abriter dans la parole vivante où nous sommes accueillis. Je crois que Chögyam Trungpa aurait souscrit à ces propos d'un autre grand poète américain, Emily Dickinson : « Si je lis un livre et qu'il rend mon corps entier si froid qu'aucun feu ne pourra jamais le réchauffer, je sais que c'est de la poésie[1]. » Comment faire comprendre que l'art n'est pas à côté, une possibilité parmi d'autres, mais le seul sol que nous ayons encore, la seule voie qui puisse s'ouvrir à nous et même nous inonder d'amour ?

1. Emily Dickinson, *Autoportrait au roitelet*, *op. cit.*, p. 89.

10

Six leçons sur l'amour

> L'inamour est l'enfer sans cieux : foyer sans flamme.
>
> E. E. CUMMINGS[1]

Lorsqu'on nous parle d'amour, nous tendons l'oreille, intéressés par la perspective d'une existence plus accomplie et plus intense, mais nous résistons aussi. Au nom de ce sentiment, on s'est autorisé à tant de discours niais.

Tout propos sur l'amour sonne faux si l'on fait l'impasse sur ce qui le mine. Comme l'écrivait le psychanalyste Jacques Lacan : « Le sentiment altruiste est sans promesse pour nous, qui perçons à jour l'agressivité qui sous-tend l'action du philanthrope, de l'idéaliste, du pédagogue, voire du réformateur[2]. » Impossible, si nous voulons être honnêtes, de faire l'économie d'une telle critique. Nous connaissons tous des êtres qui n'ont que le mot « amour » à la bouche et dont les actes visent, en vérité, à nous enfermer dans des cages. Leur recours à l'amour, « si tu m'aimais, tu ferais ceci ou

1. E. E. Cummings, *95 poèmes*, *op. cit.*, p. 126.
2. Jacques Lacan, *Écrits*, Paris, Éd. du Seuil, 1966, p. 100.

cela… », n'est qu'une manière de nous manipuler et de nous culpabiliser. Ma grand-mère était experte à ce jeu. Elle commençait toujours par me parler de son amour pour moi, avant de me demander d'appeler mon cousin à qui je n'avais rien à dire, de venir à telle réunion de famille à laquelle elle savait très bien que je n'irais pas, de changer ma manière de m'habiller et de me laisser pousser les cheveux parce que les couper aussi court, cela ne se faisait pas… Partout la même sourde agressivité – qui surgit toujours du refus de s'exposer au vrai dénuement que l'amour implique. On n'en parle que pour mieux éviter de le vivre. Au nom de l'amour combien de chaînes nous a-t-on mis aux pieds ? Je ne crois pas avoir vu ma grand-mère heureuse un seul instant. Dès qu'elle avait remporté une victoire, obtenu ce qu'elle désirait, elle préparait la prochaine bataille, angoissée à l'idée de ne pas la gagner.

Quant aux grands discours qu'on nous assène, ils procèdent tous de ce schéma : « aimer l'humanité tout entière », « aimer son prochain », nobles desseins dont on se gargarise pour dissimuler ignorance, égocentrisme, bêtise et lâcheté.

Pendant les premières années de son séjour aux États-Unis, Chögyam Trungpa appelait, pour cette raison, ses étudiants à développer le plus tranchant cynisme : un cynisme à même de pourfendre cette jouissance narcissique où l'autre n'est que l'occasion de s'éprouver et de se sentir vivant ; un cynisme à même de pourfendre ces agglomérats de sentiments en conserve, cette émotionnalité bavarde où l'on se noie. Revenant sur cette modalité de son enseignement, Chögyam Trungpa précise : « Nous avons adopté une attitude de défiance :

défiance envers nous-mêmes aussi bien qu'envers les enseignements et le maître – en fait, envers l'ensemble de la situation. Nous sentons bien que rien ne doit être pris au pied de la lettre, que nous devons examiner et tester chaque chose dans le détail afin de nous assurer que tout ce qui brille n'est pas or. En adoptant cette approche, nous avons dû développer notre sens de l'honnêteté – et trancher au vif de notre aveuglement[1]. »

Chögyam Trungpa encouragea chacun à démasquer toutes les fausses promesses – celles des opinions convenues, des pseudo-maîtres spirituels et des idéologues avides de slogans racoleurs, ou encore des histoires que nous nous racontons. Soyons « cyniques » – non selon l'usage courant du terme mais en référence à son origine philosophique. Il existait en effet, dans l'Antiquité, une école de philosophes qui visait à questionner les valeurs communes et les bases sociales que tout le monde accepte et prend pour argent comptant – alors qu'elles sont de la fausse monnaie. Nietzsche, le premier, a redonné ses lettres de noblesse à ce cynisme philosophique. Présentant ses propres ouvrages, il note qu'« il n'existe, nulle part une espèce de livres plus fière et plus raffinée tout à la fois. Ils atteignent çà et là le maximum de ce qui peut être atteint sur la terre : le cynisme. Il faut conquérir en se servant à la fois des doigts les plus délicats et des poings les plus courageux. [...] Ce n'est pas seulement la pauvreté de l'âme, l'atmosphère des recoins qui interdit l'approche de mes livres, c'est davantage encore la lâcheté, la malpropreté, le ressentiment secret qui se cachent au fond des

1. Chögyam Trungpa, *Folle sagesse*, *op. cit.*, p. 67.

intestins[1] ». Ce cynisme-là perce à jour toutes les arrière-pensées, les manipulations cachées, les beaux discours creux, les grands sentiments aux relents malsains, qui semblent particulièrement actifs dès qu'on parle d'amour.

Cette grande mascarade de l'amour piège les meilleures âmes. Si l'on n'en est pas dégoûté, impossible de s'en préserver tant son emprise est redoutable.

L'amour ne se dévoile dans sa vraie grandeur qu'à ce prix. La médiocrité et la lâcheté lui sont fatales. Seul un traitement de choc peut nous éviter le pourrissement du cœur. Reconnaître sans naïveté la malhonnêteté partout où elle est à l'œuvre en nous et la pourfendre est le seul geste à même de protéger l'amour.

Première leçon : Le discours sur l'amour est généralement trompeur, il ne faut pas hésiter à en pourfendre la niaiserie.

* * *

Mais le cynisme peut devenir une pose, une manière de se cacher, d'éviter de toucher son cœur. Il est une phase nécessaire, mais il n'est qu'une phase. Il est important de reconnaître, sur cette base saine, la chaleur et l'ouverture. Ayant établi une relation moins naïve avec nos sentiments nous pouvons donner droit à l'amour.

Quand j'ai rencontré Chögyam Trungpa, de l'amour je ne savais pas grand-chose à part l'aspiration si violente à pouvoir un jour le vivre. Je n'avais, par exemple, aucun souvenir d'amour maternel. Je lisais le désarroi dans les yeux de ma mère, qui ne comprenait pas qui j'étais. Mes deux grands-mères, dévastées par l'épreuve

1. Friedrich Nietzsche, *Ecce Homo*, Paris, Gallimard, 1978, p. 74.

de la Shoah, à laquelle elles avaient survécu en y perdant une grande part de leur famille, étaient coupées, chacune à sa manière, de leur cœur. Aucun geste, aucune parole ne venait briser la glace de nos rapports. J'étais comme une écrevisse plongée dans l'eau bouillante.

Un des premiers enseignements de Chögyam Trungpa, l'une des principales manières dont il s'attachait à montrer la source de l'amour, présente en chacun de nous, me fut présenté quelques jours après mon initiation à la pratique de la méditation. On m'introduisit à l'espace de l'amour. Il est là. Il se donne chaque fois que l'on entre directement en relation avec le monde. Laisser « la Fleur de muguet de la vallée, qui respire dans l'humilité de l'herbe[1] », remuer en nous l'immensité intérieure, croiser un regard bienveillant, voir ce moment où « la nuit s'évente à d'autres cimes. Et la terre au lointain nous raconte ses mers[2] », prendre la main d'un ami – tout cela suffit à nous faire entrer en contact avec un sentiment de plénitude. Le plus souvent, on est content, mais on s'arrête au seuil de cette aventure. On ne la vit pas. On ne s'y abandonne pas. Pour la première fois, je faisais délibérément cette expérience où, toute préoccupation habituelle ayant déserté, nous nous retrouvons devant l'immensité du rivage. Nous pouvons être tels que nous sommes. Nous pouvons être accueillis. Je comprenais mieux pourquoi je m'étais réfugié au Centre Georges-

1. William Blake, « Le livre de Thel », in *Le Mariage du Ciel et de l'Enfer*, *op. cit.*, p. 19.
2. Saint-John Perse, *Vents*, in *Œuvres complètes*, Paris, Gallimard, coll. « Bibl. de la Pléiade », 1972, p. 250.

Pompidou à regarder la peinture. Je cherchais sans me l'être formulé l'ampleur reconnue du réel comme le lieu de l'amour vrai.

Mais si cette bonté primordiale m'apparaissait bien comme la qualité d'un paysage sous la neige, la présence d'un tableau de Miró, l'arrivée d'un être aimé, le regard plein de sollicitude d'un inconnu – elle ne pouvait pas, me disais-je alors, résider en moi. J'estimais même être celui qui empêchait la splendeur du monde de se déployer librement. Ma confusion, ma difficulté à être – je voulais m'en débarrasser pour qu'enfin la beauté du monde soit sans astreinte.

Le Dalaï-Lama participa à la première grande conférence rassemblant les principaux enseignants bouddhistes occidentaux, au début des années quatre-vingt. Les Occidentaux commencèrent par soulever l'un des principaux problèmes qu'ils rencontraient dans leur effort pour transmettre la parole du Bouddha : leurs étudiants ne s'aiment pas et manquent d'amitié envers eux-mêmes. Le Dalaï-Lama n'arrivait pas à comprendre ce dont ils parlaient.

Ils passèrent des heures à en discuter. En Occident, cette difficulté a mis longtemps à être repérée. On la nomme généralement aujourd'hui le « manque d'estime de soi ». Chögyam Trungpa avait vu le problème dès son arrivée en Occident, et tout son enseignement en est l'épreuve soutenue. Les Occidentaux ont ceci de singulier qu'ils sont tous marqués par le manque de bienveillance envers eux-mêmes, un profond sentiment de culpabilité et de coupure avec leur cœur. Lorsque la tradition bouddhiste est présentée sans prendre en compte cette réalité de notre expérience, et qu'elle explique à l'aide de raisonnements implacables pourquoi nous devrions être bienveillants et compatissants, elle ne fait que nous éloigner encore davantage de notre propre cœur. Chögyam Trungpa en avait une conscience aiguë. Au lieu de convaincre, d'inviter à un acte de foi, il montrait comment ressentir la grande tendresse de notre cœur, lui faire confiance.

L'amour est cette dimension ouverte et chaleureuse qui ne se déploie que pour autant que nous sachions laisser la tendresse de notre cœur nous inclure en elle.

Deuxième leçon : Impossible de s'ouvrir à l'amour sans apprendre à s'aimer.

* * *

L'amour se fonde sur la reconnaissance d'un « point sensible » : « C'est comme si on avait un bouton sur le corps qui fait très mal, tellement mal qu'on ne veut pas le frotter ni même l'effleurer. Ce point sensible sur notre corps est une métaphore de la compassion. Pourquoi ? Eh bien, parce que, même au milieu de l'agressivité immense, de l'énorme paresse et de la grande insensibilité qui règnent dans notre vie, nous avons toujours un point vulnérable, et ce point nous pouvons le cultiver, ou du moins éviter de le meurtrir encore plus[1]. »

Même le fait que nous soyons irrités, blessés par un propos déplacé, le cœur meurtri par une séparation, par l'arrachement à ce que nous voulions, est le signe que notre cœur est vivant. Chaque expérience – aussi bien celle qui nous accomplit que celle qui nous est

1. Chögyam Trungpa, *L'Entraînement de l'esprit…*, *op. cit.*, p. 37 *sq.*

particulièrement douloureuse – parle et peut nous ouvrir à la réalité de l'amour. J'ai la conviction qu'ici réside l'un des enseignements clés de Chögyam Trungpa : la présence nue, un moment de vrai silence sont habités par une dimension d'amour qui n'est pas fabriquée. En prendre conscience change profondément tout notre rapport à l'amour et nous délivre de la perspective égocentrique qui est si souvent la nôtre et qui rend impossible à l'amour d'être vraiment reconnu.

La découverte de ce point de vulnérabilité – vide et ouvert – comme lieu de toutes ressources véritables nous permet de le reconnaître aussi dans chaque être et dans chaque situation. Au lieu de s'enferrer dans les banalités policées et de parler pour taire cette faille, il importe de l'approcher et de la célébrer. Longtemps ce fut là, pour moi, le plus beau cadeau de la pratique : la quête ardente de la tendresse est réellement possible et ce point de nudité en témoigne. Cette découverte permet de reconnaître ce point de tendresse là où, d'habitude, nous n'y prêtions pas attention. Ce directeur de colonie de vacances qui me laissait jouer dans son bureau quand je ne pouvais plus supporter les jeux des enfants, ou cette voisine qui venait me chercher à la sortie des classes et me consolait en inventant une langue parlée de nous seuls, ou encore ce couple d'inconnus qui, dans l'avion où enfant je m'étais retrouvé seul, avaient veillé sur moi – ils m'avaient tous manifesté un amour qui ne s'explique pas. Il avait simplement cherché à me répondre.

Notre cœur est empli d'une chaleur qui contient un léger aspect d'hésitation et de vulnérabilité. Nous sommes sensibles, sans aucune raison. Voilà la source de l'amour qui nous donne envie d'embrasser quelqu'un, de faire un geste de tendresse, de pouvoir prendre soin d'un homme ou d'une femme dans le besoin. Même la personne la plus cruelle au monde est capable de tomber amoureuse, ou tout au moins d'être touchée par quelque chose. Cette possibilité existe. On peut la suivre comme ne pas la suivre, mais ce moment de fissure qui ouvre le cœur constitue l'héritage propre à tous les êtres humains. En ce sens, chacun de nous est *capable* d'être bienveillant et d'aimer.

Mais la plupart des hommes sont prêts à tout pour ne pas se laisser toucher par l'amour. Des couches de plâtre cachent leur cœur et l'étouffent. Ils sentent bien parfois qu'il leur faudrait changer, que leur vie ne leur correspond plus – mais ils préfèrent préserver leur confort, si pénible soit-il, que de se risquer à sortir dehors, là où l'air est vif et le ciel un peu trop immense. L'amour dans ce sens très large, que le bouddhisme nomme aussi parfois compassion, nous met mal à l'aise, car il nous touche trop[1]. Nous avons, à tort, l'impression qu'il nous est impossible de soutenir cette blessure. Rilke raconte dans une lettre une épreuve qu'il en fit : « Un soir, à la fin de l'automne, une petite vieille se tenait à mes côtés devant une vitrine. Elle ne bougeait pas et je la croyais, comme moi, en train de regarder les marchandises. Je ne prenais pas garde à elle. À la fin, pourtant, je me sentis troublé par son voisinage, et, je ne sais pourquoi, mes

1. Le bouddhisme distingue *maitri*, la bienveillance, et *karuna*, la compassion, qui renvoient toutes deux à l'écoute du phénomène de l'amour présenté ici.

yeux tombèrent sur le geste curieux de ses mains usées, l'une près de l'autre. Lentement, très lentement, un vieux crayon, long et mince, se dégageait d'elles et grandissait, grandissait. Il fallut longtemps pour qu'il apparût tout entier, dans toute sa détresse. Je ne puis dire d'où venait l'horreur de cette scène : c'était comme si toute une destinée se jouait devant moi, une longue destinée, une catastrophe épouvantable qui ne cessa de croître jusqu'au moment où le crayon s'arrêta et se mit à trembler, de toute sa longueur, entre ces pauvres mains vides. Je compris que je devais l'acheter[1]... »

L'amour n'a que faire de notre besoin de sécurité qui ronge tout rapport humain. On confond sans cesse l'un et l'autre. L'amour n'est pas le bien-être affectif, le fait d'obtenir satisfaction, mais cette nudité vivante qui nous unit les uns aux autres. « L'Amour, écrit Rilke, n'est-ce pas avec l'art la seule licence de dépasser les conditions humaines, d'être plus grand, plus généreux, plus triste, s'il le faut, que le commun ? Soyons-le, héroïquement, ma tendre amie – ne renonçons à aucun des avantages que comporte notre état animé[2]. » Rilke nous rappelle que si nous nous sentons aimés, si nous consentons à l'amour, nous sommes alors vraiment mis à nu.

Acceptons de toucher cette blessure qui immanquablement ouvre notre cœur. Il n'y a pas d'autre solution. Le point que nous avons toujours cherché à fuir, il faut l'embrasser.

1. Rainer Maria Rilke, lettre à Lou Andréas-Salomé, 18 juillet 1903, in *Lettres, 1900-1911*, trad. H. Zylberberg et J. Nougayrol, Paris, Stock, 1934, p. 72 *sq*.
2. Id., *Lettres françaises à Merline*, *op. cit.*, p. 37.

Troisième leçon : L'amour naît et se déploie dans la nudité la plus entière. Le risque d'être blessé ne sera jamais une excuse valable pour s'en détourner.

* * *

Une adolescente de quatorze ans, passionnée de lecture, après avoir parcouru de nombreux romans, laissa échapper : « Je ne sentais toujours pas le vrai de la vie. » Elle mourra à vingt-quatre ans, affirmant que la vérité de la vie c'est l'amour. Son nom est aujourd'hui connu de tous. Elle se nommait Thérèse de Lisieux. Elle sut que l'amour ne se révèle que d'une traversée de tout ce qui l'empêche, d'un cheminement de tous les instants. C'est là que réside notre vrai travail : apprendre à laisser l'amour prendre toute la place en nous. C'est un véritable travail.

Nous parlons sans cesse de l'amour, la plupart des chansons, des films et des romans l'évoquent. Pourtant, et j'ai mis longtemps à le comprendre, quelque chose fait généralement défaut : l'angoisse qui nous saisit devant cette possibilité. Ne pas en mesurer le poids clôt les chemins de l'amour. On aime bien le sentiment lui-même – mais sans vouloir s'y plonger, sans en mesurer l'ampleur, sans être prêt à la soutenir.

Si la tâche la plus belle que puisse accomplir un être humain est d'apprendre à aimer, à donner à l'amour toute sa place, ce geste ne peut pas se décider comme lorsqu'on décide d'apprendre une langue étrangère. Il faut œuvrer en soi-même. Il faut ouvrir l'espace de l'amour en soi et se dégager de ce qui l'entrave. Mais cela nous fait peur et, au lieu d'éprouver cette peur, de la surmonter, d'en faire un aquilon vivifiant, on se fige et l'on fuit.

J'ai rencontré une vieille dame qui avait fait une retraite de trois ans, selon l'usage traditionnel qui existait au Tibet et que certains maîtres ont importé désormais en Occident. Elle me racontait s'être rendue, à la fin des années soixante-dix, à une conférence que donnait Chögyam Trungpa à Londres. À peine était-il entré dans la salle qu'elle fut toute tremblante devant l'immensité de l'amour qui se dégageait de lui. Elle avait vu de nombreux maîtres, mais aucun ne l'avait ainsi embrasée, sans même avoir prononcé un mot. Elle se sentit submergée. Chögyam Trungpa, voyant des places vides devant lui, avait demandé si quelqu'un voulait s'y installer. Elle se sentit incapable de bouger. Si elle répondait à l'invitation, sa vie en serait entièrement changée et elle ne se sentait pas la force de faire un tel saut. Elle ne l'a jamais revu.

Quel contraste entre le choix de cette femme et celui de Thérèse.

Comment fait-on pour oser sauter quand, tout à coup, l'amour se découvre à vous ? Pourquoi Thérèse a-t-elle eu le cran de le faire ?

Pourquoi fuyons-nous l'amour, alors même que nous prétendons le contraire ?

Il y a quelques années, j'avais lu, dans *Têtu,* une enquête. Un journaliste avait interrogé un jeune homme sur l'ensemble de ses anciens petits amis, lui demandant ce qui l'avait ému dans chacune de ses relations et pourquoi ils s'étaient séparés. Il avait ensuite recherché l'ensemble des partenaires cités et leur avait posé les mêmes questions. Je fus surpris de voir le peu de points de rencontre qu'il y avait entre ce que disaient les divers témoins de la même histoire.

Pourquoi se manque-t-on ?

Pourquoi restons-nous à la surface de nos émotions sans les vivre ?

Par peur, par gêne d'oser demander l'important, par une sorte d'égoïsme qui vient souvent plus d'une forme de maladresse que d'un acte délibéré.

Nous sommes tout de travers.

Tant de gens aspirent, disent-ils, à vivre quelque chose de l'amour et font pourtant tout pour le rendre impossible. Ils regardent d'abord ce que cela leur fait, ce qu'ils peuvent en tirer. L'amour est un rêve centré sur eux. Ils recherchent la personne qui les aidera à se sentir mieux.

En un sens, l'amour demande que l'homme consente à voir la nuit jusqu'en son fond. Car c'est notre propre nuit qu'il faut traverser pour lui laisser place.

Nous avons l'impression que nous allons tout perdre si nous nous y abandonnons. Que nous ne le pourrons pas. Que nous allons en mourir. Voilà le moment décisif. Allons-nous nous enfuir ? Si nous nous y risquons nous découvrons alors, avec surprise, que nous n'en mourons pas, que même nous sommes bien plus libres.

Le seul lieu où vivre est l'amour, mais il ne s'ouvre qu'à celui qui traverse l'enfer de son égocentrisme et qui surmonte sa peur de la nudité.

Thérèse le comprit. C'est étrange de voir que certains ont fait d'elle le sommet de la niaiserie. La lire révèle au contraire un être déterminé, refusant toute compromission. Le courage même. Partant en voyage avec son père à Rome alors qu'elle a quinze ans, elle saisit l'occasion d'une audience avec le pape pour oser prendre la parole et lui demander tout de go l'autorisation d'entrer au Carmel malgré son jeune âge. Rien ne saurait la détourner de sa voie : « Je veux être une sainte, je veux le devenir », écrit-elle à sa sœur quelques jours avant de devenir carmélite. Elle est prête à tout perdre pour gagner ce que son désir, dans son acuité, a pressenti : aimer sans mesure, en donnant tout, en s'ouvrant entièrement, en ne gardant rien par-devers soi, en saluant au plus bas, en s'élevant au plus haut. La moindre hésitation, la moindre retenue, le moindre souci égoïste, et l'amour s'enfuit. On a raison de parler d'embrasement et de feu. L'amour brûle. Il est comme la flamme qui ne cesse jamais de brûler tout ce qu'elle consume, sans la moindre hésitation ou gêne, qui grandit même d'autant mieux qu'elle se nourrit de tout ce qu'elle trouve. Rien n'est indigne d'elle. L'amour est toujours plus vaste que nos mesures. Aussi faut-il tout lui accorder.

Pour chacun de nous, un moment survient où la porte de l'amour s'ouvre. Il faut entrer, même si elle ne ressemble pas à ce que nous avions rêvé ou conçu. C'est difficile. Lancelot, dans la version que nous en donne Chrétien de Troyes, est l'homme qui répond à cet appel. Un géant vient de s'emparer de la reine, dont Lancelot est épris, et la retient au royaume dont nul étranger n'est jamais revenu. Le chemin le plus dangereux pour y accéder mais aussi le plus court est le pont de l'Épée. Il se nomme ainsi car il est tranchant et blesse ceux qui s'y risquent. Lancelot s'y dirige « en homme sans force et sans défense envers Amour qui le gouverne. Et sa méditation est telle qu'il en oublie qui il est : il ne sait s'il est ou s'il n'est pas, il ne sait son nom, il ne sait s'il est armé ou non, il ne sait où il va ni d'où il vient. Il ne se souvient de rien sauf d'une seule personne, et c'est pour elle qu'il a oublié tout le reste ; c'est à elle seule qu'il pense si intensément qu'il n'entend, ne voit ni ne comprend rien[1] ». En ce sens, l'amour, en nous délivrant de notre égocentrisme, nous donne des ailes.

Quatrième leçon : Répondre à l'amour est toujours un geste héroïque, qui demande une discipline plus vaste que toutes nos mesures.

* * *

Nous distinguons souvent de manière grossière l'amitié de l'amour comme s'il y avait une hiérarchie entre les deux, et non deux modalités de l'amour qui ont chacune leur perfection. Pourtant, comme le dit le poète René Char à Albert Camus : « Il est des rencontres fertiles qui valent bien des aurores. Elles – au premier chef – simplifient et allègent l'entente avec soi-même[2]. » L'amitié est un des terrains les plus propices où éprouver la plénitude de l'amour.

J'en ai découvert l'ampleur quand j'ai rencontré Hadrien. Rien en lui ne trichait. Tous ses gestes étaient tracés au cordeau, dans le souci gardé à son tressaillement. La droiture qui l'animait semblait n'être pas de son fait. Il s'était confié, une fois pour toutes, à elle. En

1. Chrétien de Troyes, *Lancelot ou le Chevalier de la charrette*, in *Œuvres complètes*, Paris, Gallimard, coll. « Bibl. de la Pléiade », 1994, p. 524.
2. Albert Camus – René Char, *Correspondance, 1946-1959*, Paris, Gallimard, 2007, p. 31.

sa présence un chemin s'ouvrirait au plus décisif de mon existence. La rencontre amicale n'est pas exactement comme la rencontre amoureuse où l'autre s'impose sans raison et transfigure tout de sa présence. Là, une sobre évidence prend racine, sans jamais être mise en cause ou s'altérer, et elle nous met face au travail le plus nécessaire. En la présence de l'ami, l'hostilité qui s'infiltre partout s'évanouit et nous invite à répondre à la grandeur qui nous échoit, à chacun, en propre.

Hadrien a été le premier être humain que j'aie rencontré pour qui l'amitié fût un séjour indiscutable. En sa présence, j'y ai été posé. Une fois son amitié pour moi reconnue, il n'en bougea plus. Jusqu'alors, les intérêts divers, les mouvements d'orgueil, de jalousie, mais surtout la difficulté à être disponible, à s'engager pour de bon, rendaient mes amitiés provisoires et précaires. Tout était mesuré. Je n'ai jamais pu m'y résoudre et j'en étais malheureux. Là tout était soutenu. J'aime et j'admire Hadrien, pour reprendre une autre formule que René Char écrivit à Albert Camus : « D'instinct et de connaissance à la fois (les deux si souvent se détruisent)[1]. »

Quand j'ai rencontré Hadrien, j'étais professeur de philosophie. Après avoir suivi épisodiquement pendant un an l'enseignement de François Fédier, j'ai démissionné de l'Éducation nationale pour pouvoir y assister quotidiennement. Hadrien arriva cette seconde année. Il avait dix-neuf ans, j'en avais vingt-sept. Il commençait ses études, je finissais mon doctorat. Après quelques mois, sa compréhension dépassait la mienne. C'était merveilleux de le voir entrer aussi librement et sérieu-

1. *Ibid.*, p. 105.

sement dans le travail. C'était son monde. Cela se voyait. Il entrait dans la philosophie avec évidence et grâce. Et pourtant, tout de suite, j'ai su qu'il ne tomberait pas dans le piège qu'elle tend si souvent du fait de sa puissance. Il se gardait d'elle. Il ne s'enivrait pas de ses connaissances et de son habileté. Il avançait sans jamais nier son expérience et en acceptant la leçon de François Fédier de trancher sur le vif toute tentative d'instrumentaliser la pensée. Là où tant d'élèves devenaient furieux, se rebellaient, et essayaient d'oublier la solide mise en garde, Hadrien la prit à cœur. Il se dépouilla de tout orgueil pour trouver le chemin de la fidélité la plus haute. Il fut dès lors à même de soutenir l'effort extrême demandé par la philosophie pour *s'adresser* à nous, à l'endroit le plus poignant de notre existence.

Dès que je pense à lui, je suis empli de gratitude. Sa présence rend le monde habitable. Avivé. Gratitude pour ce que sa présence m'accorde. De l'amitié nous savons que, même s'il faut mettre du sien pour qu'elle soit, elle est d'abord et avant tout un don. On peut juste remercier qu'elle nous soit donnée à vivre.

L'ami est peut-être le seul être que nous comprenons, sans avoir à faire le moindre effort pour cela. Nous l'entendons à la source même des mots. Pour moi qui ai tant souffert de ne pas comprendre les questions, les interrogations et les intérêts de la plupart des êtres humains, rencontrer Hadrien fut un soulagement. Et sa manière de me regarder était toujours empreinte de la plus sûre et sérieuse bienveillance – excédant tout ce que je pouvais penser de moi.

Pourtant, tout n'est pas simple. Si vous avez compris

le sens du chemin que je tente de montrer, vous l'avez déjà pressenti. Dès que nous entrons dans quelque chose de réel, nous sommes, de manière inévitable, confrontés à ce qui, en nous, malgré nous, le restreint, l'abîme et le corrompt. Être humain, c'est accepter de se confronter à nos égarements au lieu de fermer les yeux pour ne pas altérer les rêves que nous sommes en train de nous construire. Depuis des années, je me rendais bien compte que quelque chose ne tournait pas rond, sans que je pusse le percevoir clairement. Mais lorsque j'ai invité Hadrien à venir enseigner avec moi, j'ai fait l'épreuve d'un désarroi si vif que je n'ai plus eu la possibilité de le fuir plus avant.

Je lui avais proposé de consacrer ce séminaire commun à l'amitié. Il en traiterait, selon la vision que je voulais insuffler à *Prajna & Philia*, en partant de la philosophie et je l'aborderais par l'éclairage qu'en donne la pratique de la méditation. Je le retrouvais dans sa probité héroïque. Sa parole, dans son travail de désobstruction de tant de conceptions étouffant notre esprit et notre cœur, libérait la compréhension de ce qu'est l'amitié. Et pourtant, je me sentais oppressé. Sans en comprendre la raison, je restais comme tétanisé. Sa présence me portait dans la profondeur de l'amour d'une manière poignante, et, dans le même temps, je me sentais écrasé par quelque chose que je ne réussissais pas à cerner et que je n'osais pas regarder.

C'est en allant rendre visite à François Fédier, quelque temps après mon retour, que je compris d'un seul coup ce qui se passait. François Fédier venait de finir un texte dont il me lut – par quelle étrange coïncidence ? –, le début :

> Quelque chose de vicieux se dissimule dans l'attitude que je prends presque malgré moi vis-à-vis de ceux que je considère comme meilleurs que moi. Cette attitude est en effet celle de la servitude volontaire – qui s'enorgueillit de pouvoir se dire :
>
> *« Alors qu'il m'est possible, en allant vers toi, d'écouter la parole souveraine que va prononcer ta bouche, comment pourrais-je avoir encore le front de faire entendre quoi que ce soit venant de mon cru ? »*
>
> Or c'est le contraire qu'attend l'autre, s'il est vraiment ce que tu crois. Il attend que tu trouves toi-même la parole vraie que tu vas dire !
>
> Si je vais vers toi en disant :
>
> *« Cela fait trop longtemps que je ne t'ai pas vu »*
>
> au lieu de dire (et de penser !) :
>
> *« Cela fait trop de temps que nous ne nous sommes pas vus »*
>
> – et pourquoi pas :
>
> *« Cela fait trop longtemps que tu ne m'as pas vu »*
>
> c'est qu'une perversion s'est déjà installée entre nous – de laquelle je suis le seul responsable. Car reconnaître un autre comme supérieur, cela n'implique nullement que l'on doive s'abaisser. Celui qui est vraiment au-dessus de toi ne demande jamais qu'une seule chose : que tu dises ce que, seul, tu es capable de faire connaître.

Quel saisissant hasard ! J'étais comme éclairé du plus profond de mon être par ces mots. Je n'avais pas osé dire à Hadrien ce dont j'avais besoin. J'en avais même honte. Un inquestionnable engagement me liait à lui. J'avais reçu un commandement à garder et à suivre : quelles que soient les circonstances, faire tout ce qui m'est possible, pour qu'il puisse se garder à sa vocation où s'ouvre solidement le vrai espace des vivants. Mais la plus belle des intentions, lorsqu'elle s'érige et se fixe, peut ne pas suffire et peut même nous conduire à nous détourner de l'ampleur véritable de la tâche qui nous échoit.

Depuis que je suis sur la voie de la méditation, je me réjouis de ces moments où je suis pris sur le vif d'inauthenticité. Ce sont de belles occasions de voir comment s'ouvrir plus avant. Sans m'en rendre compte, au nom de mon souci de lui, j'en avais conclu que celui que j'étais pouvait gêner Hadrien, qu'il me fallait faire attention, restreindre cette démesure qui m'appelle si intensément toujours et ne pas trop demander, surtout garder le mors aux dents. Je n'avais pas osé croire qu'étant mon ami il ne pouvait que se réjouir – dans le risque de l'amour – que je lui ouvre mon cœur et lui demande, par exemple, de me dire simplement que j'étais son ami. Même si c'était évident, même si chacun de ses gestes en témoignait, je devais reconnaître que sa retenue me pesait, la distance avec laquelle il me parlait me peinait. J'aurais voulu qu'une fois il me prenne simplement dans ses bras, que tout se déchire, que toute mesure cesse, que l'immensité qui nous garde se dise et se dise encore, et encore. Qu'elle rayonne dans son apparaître le plus intensifié. Que je puisse m'y reposer absolument, que je n'aie plus rien à garder, et rien à retenir.

Cinquième leçon : Il faut être soi pour aimer. Ne te nie pas dans l'amour.

* * *

Nous avons envie de bouger du coussin sur lequel nous sommes assis. La pratique de la méditation est difficile. Nous préférerions le faire en regardant un spectacle ou en allant nous promener. Nous nous disons que « non, vraiment ce truc, ce n'est pas pour moi ». Nous n'en pouvons plus. Et puis, à un moment, sans crier gare, quelque chose se détend. Nous découvrons l'autre côté du miroir. Nous sommes, un instant, pleinement notre souffle qui va et vient. La lutte cesse. L'amour est cet espace vibrant qui se découvre alors à nous. Mais, dès que nous voulons le prendre, il s'en va. Nous ne pouvons pas le saisir.

La méditation est la voie qui m'a permis d'approcher le sens de l'amour, d'apprendre à lui donner droit, et les étudiants que je guide le découvrent à leur tour. La méditation nous fait découvrir cette simplicité. Difficile d'y croire. Et pourtant, l'amour est plus vaste que le sentiment auquel nous l'identifions habituellement. Il est la vérité de tout ce qui est.

Découvrant un jour Mme Guyon et me mettant à la lire, un peu par hasard et sans trop savoir pourquoi, j'ai vu un nouveau paysage s'ouvrir à moi, que je n'avais pas même envisagé. J'étais d'autant plus étonné que cette femme est l'une des grandes mystiques de l'histoire du christianisme, et je ne me sentais pas particulièrement lié à cette religion.

Qu'est-ce qu'un mystique ?

Un être qui découvre que la ligne de partage entre l'humain et l'inhumain passe à l'intérieur de nous. La clé de toute recherche de la vérité, de la beauté comme de l'amour, ne se trouve pas, pour lui, dans des représentations, des compétences, des savoirs, des dogmes, des magistères – même si elle peut avoir besoin d'eux ; elle est d'abord inséparable d'une recherche concrète au plus vif de notre existence.

Mme Guyon vécut en France au XVIIe siècle. Elle fut le maître spirituel de Fénelon, précepteur du jeune Louis XV. Elle devint, si j'ose m'exprimer ainsi, le mien.

Sa vie ne fut pas facile. On l'enferma à la Bastille parce que femme, parce que libre, parce que son appel à l'amour remettait trop violemment en question l'ordre dogmatique. Elle fut condamnée par l'Église et l'ordre religieux, toujours terrifiés devant l'incandescence et la liberté de l'amour.

Dans un de ses textes, Mme Guyon s'interroge sur ce qui est ultimement le plus important : la charité ou la justice – autrement dit, l'amour ou la connaissance. Et, à ma profonde surprise, elle conclut que le plus nécessaire est la justice. J'en ai été pendant plusieurs semaines très troublé.

L'amour n'est pas le fond de l'amour ! Et c'est elle, elle qui brûlait d'amour, elle qui jamais ne dérogea à l'amour, qui me le montrait. Elle écrit : « Ô aimable Justice, d'autant plus aimable que vous êtes plus rigoureuse et impitoyable, si l'abandon que je vous fais de tout moi-même vous agrée, je vous demande en échange une grâce : c'est que vous me donniez cette consolation [que] vous ne m'épargniez point du tout. Les autres vous prient d'avoir pitié d'eux ; les plus grands Saints craignent votre rigueur, parce qu'ils sont saints et qu'ils ont quelque chose à perdre ; mais moi, qui suis la plus pauvre des créatures, je ne suis propre qu'à exercer votre Justice[1]. »

1. Cité par Jean-François Marquet, *Philosophies du secret. Études sur la*

Le fond de l'amour est un abandon qui n'attend plus rien. Aimer implique de ne plus chercher de bénéfices, de ne pas aimer pour la joie qu'on en retire, mais afin de laisser à l'amour toute la place. L'amour est la vérité de ce qui est.

Mme Guyon radicalise le refus de faire de l'amour un simple sentiment, voyant en lui cette vigueur qui anime tout. Dante déjà s'exclamait que l'amour « faisait se mouvoir le Soleil et les autres étoiles ». Et en effet, il faut comprendre que l'amour est l'air qui nous permet de respirer, le mouvement qui anime le monde. Si l'on prend au sérieux cette affirmation, tout s'ouvre. Ce n'est pas nous qui aimons, c'est l'amour qui dispose de nous, qui nous dispose au sein du réel. Aimer, c'est s'abandonner à l'amour, à l'amour qui comme le feu purifie tout : « Le feu de l'amour est plus intense, et fait une purification plus parfaite que toutes les autres. »

Quelle voie étonnante : s'abandonner à l'amour au point de toucher ce moment où vous n'avez plus rien à vouloir. Laisser l'amour être seul maître. Singulier vertige où seul l'amour décide, et qui vous porte au-delà même de tout désir. Impossible de rien souhaiter d'autre sans abîmer l'immensité qui vous est d'avance donnée. Vous êtes exaucé.

Les témoins extérieurs à cette expérience en ont toujours eu peur au point d'éprouver même de la colère contre elle et envers ceux qui l'évoquent. Ils ont combattu ceux qui osaient en témoigner, falsifiant

---

gnose et la mystique chrétiennes, XVIe-XIXe siècle, Paris, Éd. du Cerf, 2007, p. 218.

leur propos et les envoyant sans la moindre hésitation au bûcher. Ils ont réussi à discréditer ceux qui osent témoigner de la réalité du pur amour et de son immensité. Étrange comme l'évocation du pur amour suscite la haine ! Sans doute parce que le pur amour est l'accointance la plus haute avec l'épreuve de la vérité du réel et de la liberté la plus extrême.

Il est possible de recevoir le baiser de sa bouche. Que vous le nommiez Dieu comme Mme Guyon, l'espace vivant, comme ceux qui marchent dans les pas du Bouddha, ou l'Ouvert comme Rilke, l'important est juste de consentir. De tout votre être vous devenez consentement à la fleur, cosmique.

Mme Guyon, comme tous les mystiques, explique que cette voie du pur amour est le privilège des petits, des ignorants, et que, de façon insupportable pour toute Église, elle ne s'autorise que d'elle-même. Cette voie de l'amour, les gens simples peuvent aisément s'y adonner, les savants et les théologiens presque jamais. Leur science n'est pas celle des saints. Leurs opérations discursives, leurs laborieux artifices les éloignent de cette voie immédiate.

Sixième leçon : Devant l'amour, tout l'effort consiste à s'abandonner et à le laisser disposer de nous à sa guise.

Conclusion

> On s'approche de la vérité lorsqu'on doit faire face à la désorientation, lorsqu'on ne sait plus trop comment se prendre en main, sans points de repère.
>
> CHÖGYAM TRUNGPA [1]

Pour la plupart des hommes, la sagesse et la philosophie consistent à éliminer les passions et les désirs pour mener une vie selon la raison. J'ai tenté de montrer combien un tel projet était une impasse, une manière de consumer la vie en nous, de nous situer toujours plus à distance de nous-mêmes. La sagesse devient comme un foulard à la mode qui, loin de nous réchauffer, n'est qu'une corde que l'on se passe au cou.

Cette distinction entre passion et raison est, en fait, simpliste, une prison conceptuelle qui ferme la porte sur l'expérience – sur ce qui vient sur nous, nous atteint, nous tombe dessus, nous renverse et pourrait nous rendre libres.

1. Chögyam Trungpa, *Voyage sans fin. La sagesse tantrique du Bouddha*, Paris, Éd. du Seuil, 1992, p. 38.

Notre tâche n'est nullement de chercher à naviguer entre passion et raison, mais de se rendre compte combien cette distinction est pauvre.

La voie tient d'une manière d'être proprement soi, de retrouver son lieu juste, d'être à l'écoute de sa vocation, de ne plus être effrayé par l'amour et nos propres ombres. Comme nous l'apprend Rainer Maria Rilke : « Comment oublier ces mythes antiques que l'on trouve au début de l'histoire de tous les peuples ; les mythes de ces dragons qui, à la minute suprême, se changent en princesses ? Tous les dragons de notre vie sont peut-être des princesses qui attendent de nous voir beaux et courageux. Toutes les choses terrifiantes ne sont peut-être que des choses sans secours, qui attendent que nous les secourions[1]. »

Pour la plupart des hommes, la spiritualité consiste à se dégager du quotidien, des obligations matérielles. La transcendance est pour eux une échappatoire. Une telle conception est un leurre. Nous n'avons que la Terre pour habiter. Notre corps est notre séjour. Il n'est besoin d'aucun ailleurs. S'il existe une spiritualité, elle consiste non pas à fuir l'ici et maintenant, mais à changer le regard que nous portons sur lui. Sortir de la cage du moi-moi-même-et-encore-moi.

Passer de l'autre côté. Ne pas fuir la gravité de notre existence – y entrer. Ce que nous cherchons coule dans nos veines et agite nos nerfs.

Aussi, présenter la spiritualité comme ce qui permet d'être plus efficace, de mieux *gérer* nos affects et nos

1. Rainer Maria Rilke, *Lettres à un jeune poète*, *op. cit.*, p. 251.

sentiments, d'avoir ainsi une meilleure mainmise sur tout, est atroce. Présenter la méditation comme scientifique, comme la mise en ordre de l'organisation totale de notre existence est atroce. Franz Kafka le pressent, le déclare, le sait déjà, « l'être humain n'est plus qu'un instrument démodé servant à l'augmentation du capital, un reliquat de l'histoire, dont très bientôt les capacités, insuffisantes au regard de la science, seront remplacées par des automates qui penseront impeccablement[1] ». La spiritualité convenable participe de ce projet. Est-ce le sien ? Est-ce là votre aspiration ?

La spiritualité dont j'ai tenté de dessiner ici le contour ne consiste pas à mieux faire marcher cette emprise de la déréalisation et de l'aliénation, mais à y résister, à la refuser et à la faire exploser.

Inutile de souligner combien les religions sont aujourd'hui le plus souvent dans l'impossibilité de nous aider à ce mouvement. Elles ont trahi leur vocation depuis si longtemps ! Et les slogans qu'on trouve parfois dans les kiosques à journaux sur le retour du religieux tournent en roue libre. Car ce retour tient plus d'une identité introuvable à l'âge du déracinement (qui prend aujourd'hui le visage de la globalisation) qu'au moindre mouvement de fidélité au tout-autre.

Tels sont bien l'effroi et l'éblouissement de notre situation : être un être humain, c'est être confronté au tout-autre, à ce qui n'est pas immédiatement utilisable

1. Gustav Janouch, *Conservations avec Kafka*, trad. Bernard Lortholary, Paris, Maurice Nadeau, 1978, p. 136.

ou compréhensible et qui échappe dans son obscurité silencieuse.

Le poète ne prétend pas « gérer » l'obscurité, la faire céder, la rentabiliser. Il en mesure la profondeur et nomme l'abîme d'une présence qui, du même mouvement, se donne et s'échappe. C'est pourquoi le poète sauve. Il sauve de ne rien chercher à sauver. Il sauve en gardant le sacré sacré.

Il sauve quand il laisse la poésie être pratique de vie, manière humaine de s'accomplir, écoute qui laisse être ce qui est, qui porte annonce et apporte connaissance. La poésie ainsi saluée et reconnue est, en notre temps, le dernier domaine où le secret de l'existence n'est pas souillé, où le sacré est gardé comme secret, où il n'est pas mis à la question, étalé, livré en pâture à la publicité. Mais une poésie, redisons-le, libérée de toute entente esthétique, qui n'a rien à voir avec une production culturelle, qui n'est pas expression d'un moi-moi-même-et-encore-moi – mais jaillissement pur. Rilke y insiste : « Où l'art prendrait-il son point de départ si ce n'était dans cette joie et dans cette tension d'un commencement infini [1] ? »

J'ai mis bien des années à écrire ce livre. Je n'y arrivais pas et plusieurs fois j'ai dû me résoudre à le mettre de côté. Son dessein – présenter un chemin réel, qui ne repose sur aucun leurre mais garde le feu sauf et réponde vraiment à l'appel de notre temps – m'écrasait. Il me fallait travailler plus avant pour m'y préparer.

1. Rainer Maria Rilke, *Œuvres III*, *op. cit.*, p. 461.

Comment présenter un chemin sans donner aucun conseil ou recette qui, en prétendant nous répondre, escamote la vraie demande qui nous étreint ? Il ne faut rien expliquer car ce que nous voulons au fond de nous, ce n'est pas une aumône, des réponses fragmentaires, ni même apprendre quelque chose, mais soutenir un chemin. Un chemin qui ne soit pas connu d'avance, mais se dessine dans le mouvement même où nous le découvrons.

Or, en notre temps, précisément rien ne fait plus chemin.

On passe d'une direction à l'autre, d'une perspective à l'autre, et les chemins sont fermés les uns après les autres. Le savoir est remplacé par un autre savoir, dans une immensité écrasante et confuse. La culture est une vaste supercherie comme le rappelle à l'aube de la modernité Cézanne, mais son annihilation par l'organisation du divertissement total, une catastrophe, car elle nous prive de la possibilité même de tout enracinement.

Et ce qui se montre encore dans une apparente fidélité, se prétendant tradition, joue à vide des signes et des paroles, des concepts et des slogans. Sans plus y croire. Sans plus y réussir. Et cela s'entend.

C'est ainsi. Notre monde repose sur une rupture dont nous refusons l'ampleur irrémédiable. « Nos traditions ont cessé d'être conductrices, branches mortes que n'alimente plus l'énergie des racines », écrit Rainer Maria Rilke[1]. Une rupture, telle que jamais plus l'avant ne rimera avec l'après, signe notre époque et imprègne

1. Lettre à Lisa Heise, janvier 1920, in *Œuvres III*, *op. cit.*, p. 433.

notre rapport à tout ce qui est. Cette rupture est irréversible et, comme le dit quelque part François Fédier, « aucun bricolage d'épissure ne sera plus en mesure de l'abolir ».

C'est la nécessité de ce livre. Surtout n'essayez pas de faire comme si de rien n'était, cela ne peut que vous enfoncer toujours plus terriblement dans les sables mouvants de la dépression, de la haine et du ressentiment. Ne supportez plus les beaux discours savants et polis, les bavardages érudits qui mettent des briques sur des briques et étouffent toujours plus avant la parole déjà si moribonde. Un message chasse l'autre et nous en sommes bombardés grâce aux athlètes du marketing direct et indirect. Rien ne fait plus chemin. Et l'amas de détritus que sont les mots et les idées hors d'usage anéantit la possibilité d'un chemin, d'une vie qui soit le risque d'une véritable aventure. Cet amas nous rend imperméables à toute réalité : « C'est plus solide que le plus épais blindage, disait Kafka. Les gens se mettent à l'abri là-derrière pour échapper aux temps qui changent. C'est pourquoi la phraséologie est le plus puissant rempart du mal. Elle est le plus sûr procédé de conservation de toutes les passions et de toute bêtise[1]. »

Nous n'avons plus le recours de nous tourner vers un monde ordonné par la tradition. Un tel monde est mité de toute part, l'héritage de notre civilisation ne tient plus et révèle son infinie fragilité. Pour le dire tout simplement : impossible d'accéder à une vérité claire et convaincante. Comme l'écrit Stéphane Moses, à propos

1. Gustav Janouch, *Conservations avec Kafka*, *op. cit.*, p. 81.

du judaïsme dont il est un des grands penseurs : « Quand on compare la puissance des penseurs de la tradition et l'état du judaïsme actuel, c'est le jour et la nuit. C'est la différence entre les Dix Commandements et un livre de cuisine[1]... » Et tous les témoins des grandes traditions qui ont encore un cœur le disent. Que peut alors vouloir dire « revenir à une religion », à une tradition ? Est-ce vivre un chemin comme ceux que présentent les livres de cuisine ?

Nous avons perdu la mémoire du lieu saint et nous ne savons plus lire.

Est-ce du pessimisme ?

Non. Je sais combien nous payons cher les consolations faites d'ignorance. Nous leur donnons notre sang, notre âme, notre cœur pour qu'elles puissent continuer de nous leurrer. Les lendemains qui devaient chanter ont produit les pires crimes.

Nous avons perdu la mémoire du sacré et nous ne savons plus écouter la parole – ne pas le reconnaître, voilà le pessimisme et la détresse.

Oui, nous avons perdu la garde du tout-autre qui, seul, délie.

Or, de cet événement, nous refusons de prendre vraiment la mesure alors qu'il est notre seule planche de vie. Nos discours habituels sur la « sécularisation », le « désenchantement », la « crise du monde moderne » sont bien trop courts. Nous refusons de vivre à la hauteur de l'événement. « Jetons, disait Chögyam Trungpa, un regard direct sans points de référence, sans même regarder pour

1. Stéphane Moses, *Un retour au judaïsme. Entretiens avec Victor Malka*, Paris, Éd. du Seuil, 2008, p. 183.

ainsi dire. C'est peut-être très exigeant, mais qu'à cela ne tienne. Allons au cœur de la question[1]. »

Qui veut aller au cœur de la question ? S'y risquer ? Ou, plus exactement encore, se laisser risquer par elle ?

Il n'y aura pour nous d'éthique qu'au prix d'une ouverture assumée dans l'usure des points de référence. Dans l'écoute d'une parole neuve. Dans le risque de l'amour grand. Dans le risque de la folle sagesse, la sagesse qui va outre, qui se moque des enfermements et des calculs. Un chemin qui prenne en compte tout aussi bien la manière de parler à un ami, de s'habiller, de lire un poème, de marcher dans la montagne, que de devoir travailler dans une société qui préfère l'efficacité à toute affectivité, où la hiérarchie sociale ne reflète aucune forme de justice, où l'on doit faire face au manque cruel d'amour, où l'on n'a plus le temps de rien, où l'isolement enferme chacun de nous loin de toute communauté réelle, comme de l'espace même de la solitude juste. Nous devons frayer un chemin qui ne nie rien de cette simple réalité. Un chemin qui en passe par l'épreuve de nos ombres et des monstres qui viennent, parfois, nous visiter, mais qui aussi sache saluer l'ange qui veille sur chacun de nous et nous apprenne même à l'aimer et à en être aimé.

Ce livre présente un chemin et c'est tout. J'espère avoir réussi à montrer qu'il était réel, que nous pouvions, au sens de Rilke, nous « métamorphoser », entrer dans le vif de l'existence, trouver la grande joie qui se

1. Chögyam Trungpa, *Voyage sans fin*, *op. cit.*, p. 107.

risque, aimer sans mesure – être plus libres. Certes, un tel chemin, c'est à chacun de l'emprunter. De le suivre, selon ce qui s'appelle à lui, selon ce qui se dessine être sa vocation propre. Pas de point de vue fixe : « Je ne dirais pas, précisait Chögyam Trungpa, qu'il suffit simplement de rester flou. Mais, si vous restez flou à un niveau très subtil – ne pas avoir de points de repère –, alors ce flou devient très vivant ; en fait, il devient lumineux. Au lieu d'être vague et gris, il est éblouissant. Du même coup, il devient plus ou moins défini dans sa propre nature inhérente, parce qu'il n'y a plus de guetteur à l'œuvre[1]. »

1. Id., *Mandala*, Paris, Éd. du Seuil, 1994, p. 86.

Pour aller plus loin…

Philosophie

BEAUFRET, Jean, *Leçons de philosophie*, Paris, Éd. du Seuil, 1998, 2 vol.

FÉDIER, François, *L'Art en liberté*, Paris, Pocket, 2006.

FRANCE-LANORD, Hadrien, *Paul Celan et Martin Heidegger, le sens d'un dialogue*, Paris, Fayard, 2004.

GUEST, Gérard, « L'événement même », in *Ligne de risque, 1997-2005*, Paris, Gallimard, 2005.

HEIDEGGER, Martin, *Approches de Hölderlin*, Paris, Gallimard, 1962.

– *De l'essence de la vérité. Approche de l'« allégorie de la caverne » et du* Théétète *de Platon*, Paris, Gallimard, 2001.

– *Être et Temps*, Paris, Gallimard, 1986.

– « L'époque des "conceptions du monde" », in *Chemins qui ne mènent nulle part*, Paris, Gallimard, 1962.

– *Lettre sur l'humanisme*, Paris, Aubier, 1957.

– *Nietzsche*, Paris, Gallimard, 1971, 2 vol.

– *Qu'appelle-t-on penser ?*, Paris, PUF, 1959.

– *Séjours*, Paris, Éd. du Rocher, 1992.

– [Avec Hannah ARENDT :] *Lettres de 1925 à 1975 et autres documents*, Paris, Gallimard, 2001.

JACERME, Pierre, *L'Éthique à l'ère nucléaire*, Paris, Lettrage, 2005.

NIETZSCHE, Friedrich, *Ainsi parlait Zarathoustra*, in *Œuvres complètes*, Paris, Gallimard, 1971, t. VI.
– *Considérations inactuelles II, De l'utilité et des inconvénients de l'histoire pour la vie*, in *Œuvres complètes*, Paris, Gallimard, 1990, t. II.
– *Le Crépuscule des idoles*, in *Œuvres complètes*, Paris, Gallimard, 1974, t. VIII.
– *Ecce Homo*, Éd. des Œuvres Complètes, t. VIII, Paris, Éd. Gallimard, 1974.
– *Humain, trop humain II*, Paris, Gallimard, coll. « Folio Essais », 1987.
– [Sur Nietzsche :] Daniel HALÉVY, *Nietzsche*, Paris, Le Livre de poche, 2000.

Dharma **et spiritualité**

GUYON, Mme, *Le Moyen court*, Paris, Mercure de France, 2001.
– [Avec FÉNELON :] *La Correspondance secrète*, Paris, Dervy, 1986.
TRUNGPA, Chögyam, *Dharma et créativité*, Paris, Guy Trédaniel, 1999.
– *L'Entraînement de l'esprit et l'Apprentissage de la bienveillance*, Paris, Éd. du Seuil, 1998.
– *Folle Sagesse*, Paris, Éd. du Seuil, 1993.
– *Le Cœur du sujet*, Paris, Éd. du Seuil, 1993.
– *Le Mythe de la liberté*, Paris, Éd. du Seuil, 1979.
– *Né au Tibet*, Paris, Éd. du Seuil, 1991.
– *Shambhala, la voie sacrée du guerrier*, Paris, Éd. du Seuil, 1990.
– *The Collected Work*, Boston, Shambhala Publications, 2003.
ROMMELUÈRE, Éric, *Les bouddhas naissent dans le feu*, Paris, Éd. du Seuil, 2007.
SUZUKI, Shunryu, *Esprit zen, esprit neuf*, Paris, Éd. du Seuil, 1977.

– *La source brille dans la lumière*, Vannes, Sully, 2001.
VARELA, Francisco, *L'Inscription corporelle de l'esprit*, Paris, Éd. du Seuil, 2001.
– *Quel savoir pour l'éthique ?*, Paris, La Différence, 2004.

Poésie

BLAKE, William, *Écrits prophétiques des dernières années*, suivis de *Lettres*, Paris, José Corti, 2000.
– *Le Mariage du Ciel et de l'Enfer*, Orbey, Arfuyen, 2004.
– *Œuvres*, Paris, Aubier-Flammarion, 3 vol., 1974, 1977 et 1980.
– [Sur William Blake :] Pierre BERGER, *William Blake. Mysticisme et poésie*, Henri Didier, 1936.
– G.-K.CHESTERTON, *William Blake*, Paris, Nouvelles éditions Oswald, 1982.
– Kathleen RAINE, *L'Imagination créatrice de William Blake*, Paris, Berg International, 1993, p. 15.
BRAQUE, Georges, *Le Jour et la Nuit. Cahiers, 1917-1952*, Paris, Gallimard, 1952.
CELAN, Paul, *Choix de poèmes*, Paris, Gallimard, 1998.
– *Le Méridien & autres proses*, Paris, Éd. du Seuil, 2002.
– [Avec Nelly SACHS :] *Correspondance*, Paris, Belin, 1999.
Conversation avec Cézanne, Paris, Macula, 1978.
CHAR, René, « Arthur Rimbaud », in *Recherche de la base et du sommet*, Paris, Gallimard, 1971.
– *Les Matinaux*, Paris, Gallimard, 1950.
– *Œuvres*, Paris, Gallimard, coll. « Bibl. de la Pléiade », 1983.
– [Avec Albert CAMUS :] *Correspondance, 1946-1959*, Paris, Gallimard, 2007.
CHRÉTIEN DE TROYES, *Œuvres complètes*, Paris, Gallimard, coll. « Bibl. de la Pléiade », 1994.
CUMMINGS, E. E. *Je, six inconférences*, Sauve, Clémence Hiver, 2001.
– *95 poèmes*, Paris, Points, 2006.

DICKINSON, Emily, *Poèmes*, Paris, Aubier, 1970.
– *Poèmes*, Paris, Belin, 1989.
DUBUFFET, Jean, *Asphyxiante culture*, Paris, Éd. de Minuit, 1968.
EGGLESTON, William, « Postface », in *The Democratic Forest*, New York, Doubleday, 1989.
GINSBERG, Allen, « Conversation avec Ernie Barry » *OM. Entretiens et témoignages, 1963-1978*, Paris, Éd. du Seuil, 1979.
– *Howl, Kaddhish*, Paris, « 10/18 », 1976.
– [Sur Allen Ginsberg :] *Allen Ginsberg & la Beat Generation*, Paris, Question de / Albin Michel, 1989.
MANDELSTAM, Ossip, *De la poésie*, Paris, Gallimard, 1990.
NEWMAN, Barnett, « L'image plasmique », *Les Cahiers du MNAM*, n° 55, Paris, Centre Georges-Pompidou, 1996.
RILKE, Rainer Maria, *Auguste Rodin*, in *Œuvre*, Paris, Éd. du Seuil, 1966, t. I.
– *Correspondance* : *Œuvres*, Paris, Éd. du Seuil, 1976, t. III.
– *Correspondance avec Lou Andréas-Salomé*, Paris, Gallimard, 1985, p. 412.
– *Élégies de Duino, Les Sonnets à Orphée*, trad. J.-F. Angelloz, Paris, Aubier/Montaigne, 1943.
– *Le Testament*, Paris, Éd. du Seuil, 1998.
– *Lettres à un jeune poète*, in *Œuvre*, Paris, Éd. du Seuil, 1966, t. I.
– *Lettres d'un jeune travailleur*, Paris-Orbey, Arfuyen, 2006.
– *Lettres françaises à Merline*, Paris, Éd. du Seuil, 1950.
– *Lettres sur Cézanne*, Paris, Éd. du Seuil, 1991.
– *Œuvres,* t. 2, *Poésie*, Paris, Éd. du Seuil, 1972.
HOFMANNSTHAL, Hugo von, *Le Livre des amis*, Paris, Maren-Sell, 1990.
HÖLDERLIN, Friedrich, « Sur Achille » ; « De quel point de vue faut-il considérer l'Antiquité ? », in *Œuvres*, Paris, Gallimard, coll. « Bibl. de la Pléiade », 1967.

JANOUCH, Gustav, *Conservations avec Kafka*, Paris, Maurice Nadeau, 1978.

KEROUAC, Jack, *Mexico City Blues*, Paris, Points, 2008.

MATISSE, Henri, *Écrits et propos sur l'art*, Paris, Hermann, 1972.

RIMBAUD, Arthur, *Une saison en enfer*, in *Œuvres complètes*, Paris, Gallimard, coll. « Bibl. de la Pléiade », 1972.

SAINT-JOHN PERSE, *Vents*, in *Œuvres complètes*, Paris, Gallimard, coll. « Bibl. de la pléiade », 1972.

SÔSEKI, *Oreiller d'herbes*, Paris, Payot-Rivage, 1989.

WHITMAN, Walt, *Feuilles d'herbe*, Paris, Aubier, 1989.

Autres

ARENDT, Hannah, « Qu'est-ce que l'autorité ? », in *La Crise de la culture*, Paris, Gallimard, 1972.

Roland BARTHES, *La Chambre claire*, Paris, Cahiers du cinéma / Gallimard / Seuil, 1980.

GREENBERG, Clement, *Art et culture*, Paris, Macula, 1988.

MÜLLER-HILL, Benno, *Science nazie, science de mort. L'extermination des juifs, des Tziganes et des malades mentaux de 1933 à 1945*, Paris, Odile Jacob, 1989.

PROUST, Marcel, *Contre Sainte-Beuve*, Paris, Gallimard, coll. « Bibl. de la Pléiade », 1971.

WEIL, Simone, *Œuvres*, Paris, Gallimard, coll. « Quarto », 1999.

Remerciements

Ce livre n'a pu être mené à bien que grâce à l'aide et l'inspiration de nombreuses personnes.

Il n'aurait jamais été écrit sans la générosité, la tendresse et la bonté de François Fédier qui soutient, de son être et de sa marche, le chemin.

Pierre Jacerme qui, dans l'écoute du mémorable et l'humilité du haut risque, a rendu possible que l'aventure de *Prajna & Philia* ancre une parole à même de tout renverser.

Jean-Luc Giribone sans lequel ce livre n'aurait tout simplement pas pu voir le jour – et qui entend, par-delà tout ce qui s'y oppose, le cadre du jour.

Carolyn Gimian dont la *fidélité* au plus haut sait le garder sauf.

Je voudrais aussi remercier Xavier Accart, Ingrid Auriol, Gérard Guest, Alice Letelier, Robert Marteau, Nicolas Mennesson, Éric Rommeluère, pour l'ampleur de leur travail et pour le dialogue qui, entretenu avec eux, a permis d'approcher d'un peu plus près le lieu décisif.

Et pour leurs conseils, leurs lectures ou leur orientation :

Marie-Laurence Cattoire, Marie-Jeanne Denis, Alain Gaffinel, Nicolas d'Inca, Christian Krumb, Alexis Lavis, Elsa Rosenberger, Alice Saint-Guilhem, Pascale Senk et Françoise Triffaux.

* * *

Fabrice Midal dirige des séminaires où s'élabore pour chacun la possibilité d'un chemin tel qu'il est ici présenté, un chemin qui s'invente pour chacun dans le risque qui l'appelle.

Pour tous renseignements et recevoir sa lettre d'information mensuelle : <http://www.fabrice-midal.org/>.

Table

RÉALISATION : IGS-CP À L'ISLE-D'ESPAGNAC
IMPRESSION : CORLET À CONDÉ-SUR-NOIREAU
DÉPÔT LÉGAL : FÉVRIER 2009. N° 98633-3 (09-123818)
Imprimé en France